国家智库报告 2016（23）
National Think Tank

国际问题研究

欧洲难民危机专题研究报告

赵俊杰 著

RESEARCH REPORT ON REFUGEE CRISIS IN EUROPE

中国社会科学出版社

图书在版编目(CIP)数据

欧洲难民危机专题研究报告／赵俊杰著．—北京：中国社会科学出版社，
2016.6

（国家智库报告）

ISBN 978 – 7 – 5161 – 8394 – 6

Ⅰ.①欧⋯　Ⅱ.①赵⋯　Ⅲ.①难民问题—研究报告—欧洲

Ⅳ.①D750.391

中国版本图书馆 CIP 数据核字(2016)第 126337 号

出 版 人	赵剑英	
责任编辑	王　茵	
特约编辑	王　琪	
责任校对	刘　娟	
责任印制	李寡寡	

出　　版	中国社会科学出版社
社　　址	北京鼓楼西大街甲 158 号
邮　　编	100720
网　　址	http://www.csspw.cn
发 行 部	010 – 84083685
门 市 部	010 – 84029450
经　　销	新华书店及其他书店

印刷装订	北京君升印刷有限公司
版　　次	2016 年 6 月第 1 版
印　　次	2016 年 6 月第 1 次印刷

开　　本	787×1092　1/16
印　　张	11
插　　页	2
字　　数	115 千字
定　　价	45.00 元

凡购买中国社会科学出版社图书,如有质量问题请与本社营销中心联系调换
电话:010 – 84083683

摘要： 2015 年欧洲出现的难民危机引发全世界的关注，本书作者曾身临其境，直面难民危机对欧洲社会和国际关系的冲击。本书首先论述了欧洲难民危机的严重性及其特点，从欧盟法的角度探讨难民与移民的区别及关联性。从历史、地缘、经济、政治等不同的视角和全球战略维度，深入分析难民潮的成因，回答谁将为难民危机承担主要责任的问题。面对来势汹涌的难民潮，欧洲陷入良心与能力的纠结、道义与利益的矛盾困境。由此提出了这样的命题——安置难民：欧盟能否充当救世主？本书侧重强调难民危机暴露出欧洲一体化制度设计的缺陷，但面对安置难民的诸多难题和障碍，欧盟仍然在行动，试图通过欧洲治理和全球治理来化解危机，提升自己的软实力。本书还从政治、经济、社会文化和国际关系层面，深入探讨这场危机对欧洲社会乃至大国关系的影响，涉及诸多理论及重大现实问题，诸如：当今欧洲政治思潮是否右倾化、保守化？英国是否会加速脱离欧盟？欧洲社会若干年后是否面临全面"伊斯兰化"危险？等等。最后，从学术的视角观察欧美官方及学者对欧洲难民危机的看法与反思，介绍他们都有什么观点和评论，并对这场难民危机表达了作者的看法和建言。

Abstract: Around the refugee crisis in Europe, this book gives the deeply analysis and research from six parts: 1. The seriousness of the refugee crisis in Europe and its characteristics. 2. Analysis of the causes of the European refugees, answer the issues like that who will be mainly responsible for the refugee crisis. 3. When the crisis coming and there is a dilemma in the EU—— a moral concept and realistic difference of paradox. 4. Although refugee crisis impacts on European society, the EU remains in action, trying to resolve the crisis with such ways of European governance and global governance, to improve its soft power. 5. From the aspects of political, economic, social, cultural and international relations, this book discusses refugee crisis' impacts on European society, such as whether the UK will breurope or several years later European society will face the danger of overall "Islamisation", and many other theoretical issues. 6. This book reflects finally the European and American scholars' ideas on refugee crisis in Europe and shows the author's views as well as recommendations about it.

目　录

前言 ……………………………………………………（1）

一　欧洲难民危机的严重性及其特点 ……………（6）

　　（一）欧洲难民危机的严重性 ……………（7）

　　（二）欧洲难民危机的显著特点 …………（11）

　　（三）难民和移民有何不同 ………………（20）

二　造成欧洲难民潮的原因探究 …………………（24）

　　（一）历史因素及地缘因素 ………………（24）

　　（二）经济因素和政治因素 ………………（26）

　　（三）救助差异与政策差异 ………………（29）

　　（四）谁应该为此次难民危机承担主要责任 …（33）

三　面对危机：欧盟陷入道义观与现实差异的
　　悖论 …………………………………………（39）

　　（一）欧洲有难民庇护的历史传统 …………（39）

　　（二）欧洲向来标榜人权道义 ………………（41）

　　（三）救助难民——欧洲面临道义观与现实
　　　　　利益相悖的困境 …………………………（42）

四　安置难民：欧盟能否充当救世主 …………（49）

　　（一）欧盟各国面对难民潮的表现 …………（49）

　　（二）难民危机暴露欧洲一体化制度设计
　　　　　缺陷 …………………………………………（61）

　　（三）应对危机——欧盟在行动 …………（66）

　　（四）难民安置的难点问题 …………………（80）

五　难民危机将给欧洲社会带来深远影响 …………（86）

　　（一）欧洲难民危机的政治影响 ……………（86）

　　（二）欧洲难民危机的经济效应 ……………（96）

　　（三）欧洲难民危机的观念碰撞 ……………（109）

　　（四）欧洲难民危机的外交博弈 ……………（121）

六　欧美官方及学者对这场危机的看法与反思 ……（127）

　　（一）欧美官方及主流媒体的观点 …………（127）

　　（二）CEPS 知名学者对难民危机的深刻

　　　　　反思 …………………………………（133）

　　（三）欧洲难民危机的前景分析 ……………（143）

　　（四）对欧洲难民危机的看法和结论 ………（148）

缩略语及相关名词 ………………………………（158）

英文参考资料 ……………………………………（161）

后记 ………………………………………………（163）

前　言

2015 年 8 月底，笔者到比利时著名智库——欧洲政策研究中心（Centre for European Policy Studies，CEPS）访学三个月。① 其间，正值欧洲难民潮达到峰值，法国巴黎又发生骇人听闻的"11·13"暴恐袭击惨案。② 欧洲社会和全球媒体都在持续关注和热议这场难民危机，欧洲的智库和学者更是积极参与，向欧盟及其成员国政府建言献策。笔者所在的欧洲政策研究中心也不例外，该中心有一个专门研究人权和移民问题的小组（Rights），

① 笔者本次访学是在中国社会科学院创新工程"与国际智库交流平台项目"支持下成行的。

② 2015 年 11 月 13 日晚，法国巴黎市中心突遭恐怖袭击，一伙与"伊斯兰国"有关的极端宗教恐怖分子，在法兰西体育场、音乐厅及酒吧等七处人群集聚的地方，向手无寸铁的观众和游客发动自杀式袭击，共造成 130 人死亡、350 人受伤的流血惨案，恐怖分子也有 7 人死亡，但 2 人逃跑。这是法国有史以来发生的最严重的一起暴恐事件，表明国际恐怖主义与极端宗教主义对西方采取大规模报复行动的大幕已经拉开，导致法国进入国家紧急状态。法国总统奥朗德随即宣布恐怖袭击是"伊斯兰国"犯下的战争行为，法国将毫不留情地打击国际恐怖主义。国际社会也对极端恐怖组织犯下的暴行给予强烈谴责，并表明与法国一道联合反恐的意愿。11 月 18 日，法国警方对巴黎北郊一处公寓进行围捕，共击毙 2 名恐怖分子，其中 1 名就是巴黎系列恐怖袭击案的幕后主使阿卜杜勒－哈米德·阿巴乌德，还有 7 人被捕。此外，由于暴恐袭击团体的主犯来自比利时，比利时政府也积极配合法国反恐，并将首都布鲁塞尔大区的反恐级别升至最高级第 4 级，抓捕了 16 名恐怖嫌犯，其中包括在逃的巴黎恐怖袭击嫌犯萨拉赫·阿卜杜勒－萨拉姆。

当时有几个月连续召开有关难民问题的学术研讨会，议题主要涉及这样一些问题：（1）学术精英与欧盟决策层在难民和移民领域如何加强联系？（2）移民与地中海的欧洲议程；（3）欧洲的双重难民危机；（4）探讨难民危机的根源并非病症；（5）从欧盟法及难民管理的视角看2015年欧盟难民危机；（6）新的难民重新安置系统能否运转？在此基础上，仅9月份至10月初，该小组就在其刊物《CEPS评论》、《CEPS政策简报》和《CEPS论文》上发表6篇学术文章，深入探讨这场危机的严重性及其对欧盟《都柏林公约》的冲击。① 作者都是该中心资深研究员，包括主任丹尼尔·格罗斯（Daniel Gros）、首席执行官卡内尔·兰诺（Karel Lannoo）和司法与内务项目研究领军人物塞尔吉奥·卡雷拉（Sergio Carrera）。

　　笔者注意到国内媒体也同步报道了不少欧洲难民危

---

① "The 2015 Refugee Crisis in the European Union", *CEPS POLICY BRIEF*, No. 332, September 2015; "Enhancing the Common European Asylum System and Alternatives to Dublin", *CEPS Paper in LIBERTY and SECURITY in Europe*, No. 83, September 2015; "Europe's Double Refugee Crisis", *CEPS COMMENTARY*, 8 September 2015; "Treat the Root Causes of the Asylum Crisis, not the Symptoms", *CEPS COMMENTARY*, 11 September 2015; "No Need for Walls to Equitably Distribute the Refugees", *CEPS COMMENTARY*, 25 September 2015; "To Adopt Refugee Quotas or Not: Is That the Question?", *CEPS COMMENTARY*, 2 October 2015.

机的新闻，一些学者还写了相关的评论文章。这些报道
和评论及时反映了当今欧洲社会存在的一些严重问题，
并进行了一定的有针对性的讨论与学理思考。[①] 鉴于欧洲
难民危机的严重程度及其对欧洲社会各方面的影响，笔
者在布鲁塞尔花了整整三个月对此问题跟踪研究，查阅
大量西方文献资料，参加一些重要的学术研讨会，在与
欧洲学者和普通市民深入交流的基础上，撰写出这份关
于欧洲难民危机的专题研究报告。

该研究报告从结构上看，分为六个部分：一、欧洲
难民危机的严重性及其特点。全面论述欧洲面临第二次
世界大战以来最严重的难民危机，概括危机表现出来的
显著特点，并且从欧盟法的角度深入论述难民与移民的
区别和关联性。二、造成欧洲难民潮的原因分析。从历

---

① 参见宋鲁郑《贪婪和短视让欧洲陷入难民危机》，观察者网（ht-tp：//www. guancha. cn）2015 年 9 月 6 日，http：//news. ifeng. com/a/20150906/44589827_ 0. shtml；姚铃《欧洲优化安置方案 应对移民危机》，《经济参考报》2015 年 9 月 29 日；陈旸《难民危机有多危?》，海外网（ht-tp：//www. haiwainet. cn）2015 年 9 月 11 日，http：//sj. haiwainet. cn/n/2015/0911/c3541052 - 29154022. html；何梦舒《难民在德国，生活得怎么样?》，新华网 2015 年 9 月 22 日；鞠辉《欧洲难民危机加剧 申根协定面临考验》，《中国青年报》2015 年 9 月 16 日；叶江《欧洲难民潮缘起及欧盟应对分析》，《新民晚报》2015 年 9 月 10 日；李东燕《欧洲难民潮将走向何处》，《党建》杂志 2015 年 12 月，http：//theory. people. com. cn/n/2015/1201/c83855 - 27877453. html。

史、地缘、经济、政治及救助差异等不同的视角和全球战略的维度探讨了难民潮的成因，回答谁将为难民危机承担主要责任。三、面对危机：欧盟陷入道义观与现实差异的悖论。欧洲一向标榜人权道义，有难民庇护的历史传统，但面对来势汹涌的难民潮，欧洲却陷入良心与能力的纠结、道义与利益的矛盾、东西欧实力的鸿沟困境。四、安置难民：欧盟能否充当救世主。难民危机暴露出欧洲一体化制度设计的缺陷，面对难民安置存在的诸多难题和障碍，欧盟仍然在行动，试图通过欧洲治理和全球治理来化解危机，提升自己的软实力。五、难民危机将给欧洲社会造成深远影响。从政治、经济、社会文化和国际关系层面，深入论述这场危机对欧洲社会乃至大国关系的影响，涉及当今欧洲政治思潮是否右倾化、保守化，英国是否会加速脱离欧盟，欧洲社会若干年后是否面临全面"伊斯兰化"危险等诸多理论及重大现实问题。六、欧美官方及学者对欧洲难民危机的看法与反思。这场难民危机引发欧洲社会大讨论，欧美官方及学者正对危机进行深刻反思，他们都有什么观点和评论？作为一个身临其境的旁观者和研究欧洲问题的中国学者，笔者对这场难民危机又有什么看法和建言？欧洲难民危机的前景如何？这些现实和理论问题都在专题研究报告中得以归纳、探索和阐述，希望这份研究成果能给相关部门提供有益的参考。

一　欧洲难民危机的严重性及其特点

2015年春夏之交，来自中东、北非、西巴尔干地区及阿富汗的难民大量涌入欧洲，形成了一股突如其来的难民潮，致使欧洲社会不堪重负。8月14日，欧盟移民事务委员德米提斯·阿兰姆普洛斯（Dimitris Avramopoulos）在新闻发布会上指出，当今世界正面临自第二次世界大战以来"最严重的难民危机"，欧洲必须尽其所能，以一种文明的方式加以解决。[①] 8月28日，英国路透社（Reuters）在报道这场危机时用了这样的标题：欧洲正面临第二次世界大战以来最严重的难民危机——并且遥遥无期。[②] 9月29日，欧洲理事会主席唐纳德·图斯克（Donald Tusk）在联合国大会上强调，欧洲正面临几十年来前所未有的挑战，包括像乌克兰的战火正在欧洲边界

[①] "EU Says World Facing 'Worst Refugee Crisis' Since WWII", BUSINESS INSIDER, August 14, 2015（www. businessinsider. com/afp-eu-says-world-facing-worst-refugee-crisis-since-wwii-2015 – 8？ IR = T. ）.

[②] http：//uk. businessinsider. com/r-migrant-tragedies-on-land-and-sea-claim-hundreds-of-lives-2015 – 8？ r.

燃烧，这是一场"空前的难民和移民危机"。①

（一）欧洲难民危机的严重性

这场被西方政要和媒体称为"最严重"和"空前的"难民危机是否如其所言？答案是肯定的。为了解全貌，有必要对第二次世界大战后欧洲出现的几次难民危机作一个历史的梳理，以加深对此次欧洲难民危机严重性的认识。

第二次世界大战结束时欧洲有 4000 多万难民，他们中的绝大多数是纳粹集中营、劳工营和战俘营的囚犯，需要被重新安置。1945 年年底，盟军和联合国善后救济总署（UNRRA）尊重其意愿，将 600 多万欧洲难民遣返回国。到 1947 年年底，大约还有 85 万难民生活在欧洲难民营里，其中，有亚美尼亚人、波兰人、拉脱维亚人、立陶宛人、爱沙尼亚人、斯拉夫人、犹太人、希腊人、俄罗斯人、乌克兰人和捷克斯洛伐克人。② 1947—1953年，欧洲绝大多数"不愿被遣返者"陆续找到自己的新

---

① "Donald Tusk Defends European Response to 'Unprecedented' Refugee Crisis"（http：// www. the-guardian. com/world/2015/sep/29/Donald-tusk-defends…）.

② Mark Wyman, "DP Camps in Europe Intro", from *DPs Europe's Displaced Persons*, 1945 –1951（http：//www. dpcamps. org/dpcampseurope. html）.

家，有的在欧洲，还有的在美洲或大洋洲。比利时是第一个大规模实施移民计划的欧洲国家，接纳了 2.2 万难民；英国接纳了 8.6 万难民；法国则安置了 3.8 万难民。1941—1957 年，美国共接收 40 万欧洲难民，其中 13.74 万是来自欧洲的犹太人。到 1951 年年底，加拿大共接收了 15.76 万欧洲难民。在拉美，委内瑞拉接收 1.7 万欧洲难民；巴西接收 2.9 万欧洲难民；阿根廷接收 3.3 万欧洲难民。此外，澳大利亚接收 18.21 万欧洲难民。以色列建国后到 1950 年，共接收 65.2 万欧洲难民。到 1953 年，欧洲还剩下 25 万难民，他们大多数是老弱病残。随着岁月的流逝，1959 年欧洲最后一个难民营威尔斯（Wels）被关闭，意味着第二次世界大战后欧洲的难民危机基本划上了句号。①

　　1992 年爆发的巴尔干冲突，打破了第二次世界大战后欧洲大陆几十年的政治宁静，也给欧洲社会造成新的难民危机。1992—1995 年的波斯尼亚战争导致 27.8 万人死亡、270 多万难民需要被安置。战后，约 250 万人回到自己的家园，也有数万人被安置在美国和德国。此后出

---

① Displaced Persons Camp. From Wikipedia, the free encyclopedia（http://en. wikipedia. org/wiki/Displaced_ persons_ camp）.

现的非洲大湖难民危机①（1994 年）、科索沃战争（1999
年）、达尔富尔战争（2003 年）以及伊拉克战争（2003
年），虽然有大量难民流离失所，如科索沃战争后有 24
万塞尔维亚族和其他非阿尔巴尼亚族难民逃离科索沃，
北约对南联盟的空袭又造成 70 万塞尔维亚族难民逃亡，
导致欧洲出现第二次世界大战后第二次较大的难民潮，
但对欧洲社会并未构成太大的威胁。直到 2011 年中东、
北非发生一系列政治动荡，特别是叙利亚战争爆发以来，
才真正对欧洲社会产生了巨大的冲击和影响，并最终形
成一股来势凶猛的难民潮。

　　根据欧盟统计局（Statistical Office of the European U-
nion，Eurostat）公布的数据，2008 年欧盟收到 20 多万份
难民庇护申请。2011 年叙利亚内战爆发后，难民庇护申
请突破 30 万份。到 2014 年则增至 62.6 万份，比 2011
年翻了一倍，② 这一数据仅次于 1992 年欧盟收到的 67.2
万份庇护申请。但进入 2015 年，欧洲真正迎来了难民大
潮。截至 2015 年 8 月底，有 530265 人在欧盟申请难民

---

　　①　大湖地区地处非洲中东部，有维多利亚湖和坦噶尼喀湖等面积广阔
的水域，涵盖安哥拉、中非、布隆迪及乌干达等 11 个国家，是冷战后非洲
战乱时间最长、破坏最严重的地区，曾制造了大量的难民。
　　②　数据来源：Eurostat, Newsrelease, 53/2015 – 20 March 2015。

庇护。据国际移民组织（International Organization for Migration，IOM）公布的数字，截至 2015 年 10 月 6 日，仅通过海路抵达欧洲的难民和移民就达 557899 人，几乎是 2014 年经地中海抵达欧洲难民人数的两倍，① 其中，仅 2015 年第一季度就有 18.5 万人首次向欧盟提出难民庇护申请，比 2014 年同期增加了 86%。欧洲庇护支持办公室（The European Asylum Support Office，EASO）的数据显示，2015 年前三季度欧洲共收到 80 万份要求避难的申请。2015 年 1 月至 12 月，超过 120 万人向欧盟提出首次难民庇护申请，具体数量达到 1255640 人，与 2014 年相比增长 123%。②

国际社会对欧洲难民危机的关注，西方媒体对难民事件的报道，自 2015 年春天以来持续升温，构成一幅幅令人压抑的画面和催人泪下的景象——4 月 13 日，一艘满载偷渡难民的船在意大利兰佩杜萨岛以南 120 公里处倾覆，约 400 人葬身海底，142 人获救。8 月 27 日，堪称难民的灾难日，据英国 BBC 新闻报道，奥地利警方在

---

① 参见 "European Migrant Crisis"，from Wikipedia, the free encyclopedia。
② 数据来源：Eurostat Newsrelease，44/2016 – 4 March 2016（http://ec. europa. eu/eurostat/documents/2995521/7203832/3 – 04032016 – AP-EN. pdf/790eba01 – 381c-4163-bcd2-a54959b99ed6）.

奥匈边界一辆被遗弃的密封卡车内，找到 71 具难民尸体，估计遇难者大都来自叙利亚。同一天，两艘满载 500 多人的难民船在地中海倾覆，造成 200 多名难民丧生。

一边是偷渡难民的死亡报道，特别是叙利亚 3 岁男童溺亡海滩的画面令人痛心；另一边则是难民潮对欧洲边界的强力冲击，从西巴尔干地区的阿尔巴尼亚、塞尔维亚、黑山、科索沃、斯洛文尼亚到中欧地区的奥匈边界，从法国加莱渡轮码头到英吉利海峡隧道，从东欧奥匈边境和匈塞边境高筑的铁丝网到潮水般的难民与大批警察的对峙。难民为何如此疯狂而来？他们究竟想要什么？欧洲社会又将怎样面对难民大潮？

（二）欧洲难民危机的显著特点

不言而喻，欧洲的确面临第二次世界大战以来最为严重的一次难民危机，对这场危机的特点做一个概括及定性分析，就不难理解这场危机的严重程度。

首先，此次难民潮来势汹涌、规模浩大。据联合国难民署（UNHCR）统计，2010 年通过海路偷渡来欧洲的难民和移民人数为 9700 人，2011 年为 70000 人，2012 年为

22500 人，2013 年为 60000 人，2014 年为 219000 人。①

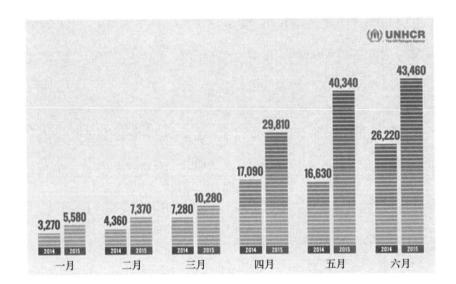

图 1-1   2014—2015 年（上半年同期）难民和移民经海路到达欧洲的人数

数据来源：联合国难民署 2015 年 7 月 1 日的报告 "The Sea Route to Europe：The Mediterranean Passage in the Age of Refugees"。

再来看 2014 年和 2015 年上半年同期难民数字的变化：2014 年上半年为 74850 人，2015 年上半年增至 136840 人，同比增长 82.81%。2015 年下半年，这股难民大潮更加汹涌，海陆并举，滚滚流向欧洲。匈牙利上半年日均接待 150 人，到 8 月份日均接待 2000 余人。仅 9 月 5 日一天，涌入奥地利的难民就达 9000 多人，到 10

① UNHCR，"The Sea Route to Europe：The Mediterranean Passage in the Age of Refugees"，1 July 2015.

月初累计有 17 万难民进入奥地利。德国更加突出，仅 9 月 12 日就有 13000 名难民抵达慕尼黑中央火车站。此外，2015 年涌向欧洲的难民和移民数量规模浩大、前所未有。欧盟边防局执行主任法布里希·莱格里（Fabrice Leggeri）10 月初对法新社记者表示，"截至今年 9 月底，我们已登记了 63 万名非法偷渡欧洲的难民"①，这一数字已经超过 2014 年全年在欧盟申请庇护的人数（62.6 万）。联合国难民署的报告显示，2014 年地中海共吞噬了 3500 名偷渡者，而 2015 年前七个月，在地中海海难事故中死亡的难民人数就超过 1850 人。②

其次，此次难民潮高度集中、线路清晰。高度集中有两层含义：一是指难民潮在某个时段集中涌向欧洲，进而集中涌向欧盟几个成员国；二是指难民来源集中于中东、北非几个国家。历史上欧洲发生过几次较大的难民危机，但都与这次危机有一个本质的区别：第二次世界大战后的欧洲难民危机，主体是欧洲国家的难民，且

---

① INTERNATIONAL BUSINESS TIMES, 4 October 2015（www. ibtimes. com/europe-refugee-crisis-630000-refugee-entered-eu-illegally-frontex-chief-says-2126124）.

② The UN Refugee Agency，"Note on International Protection"，2 July 2015.

有相当一部分难民最终被安置到欧洲之外，像美国、加拿大以及巴西等国，还有一部分犹太人去了中东的以色列。20 世纪 90 年代，欧洲因波黑战争和科索沃战争而出现的两次巴尔干难民危机，其难民主体也是欧洲平民。相反，这次欧洲难民危机的主体恰恰不是欧洲人，而是来自欧洲之外的亚非民族，他们的目的地就是欧洲而非其他地区，因此才会形成一股滚滚洪流涌入欧洲。不仅如此，这股难民潮进入欧洲后不是分散成为若干溪流奔向四面八方，而是兵分几路再度涌向欧盟少数几个国家。

表 1－1　　　　　欧盟成员国 2014—2015 年首次庇护申请数量①

	首次申请庇护者数量（人）		占欧盟申请总量的比重（％）	
	2014 年	2015 年	2014 年	2015 年
欧盟 28 国	562680	1255640	100.00	100.00
德国	172945	441800	30.73	35.18
瑞典	74980	156110	13.32	12.43
意大利	63655	83245	11.31	6.63

① 按照欧盟统计局的界定，"首次庇护申请"（First Time Asylum Applicants）是指当事人第一次提交要求国际保护的申请，如果其申请没有获准，他再向另一个国家提交庇护申请，就只能归到非首次申请之列。首次庇护申请对欧盟准确统计新来的难民和移民数量非常重要。

	首次申请庇护者数量（人）		占欧盟申请总量的比重（%）	
	2014 年	2015 年	2014 年	2015 年
法国	58845	70570	10.45	5.62
匈牙利	41215	174435	7.32	13.89
英国	32129	38370	5.71	3.05
奥地利	25675	85505	4.56	6.81
荷兰	21780	43035	3.87	3.42
上述八国总计	491224	1093070	87.27	87.03
其他成员国总计	71456	162570	12.73	12.97

数据来源：Eurostat Data in focus 3/2015；Eurostat, Newsrelease 163/2015 – 18 September 2015；Eurostat, Newsrelease 44/2016 – 4 March 2015。

从近年来欧盟公布的国别庇护申请数据看，难民和移民集中流向德国、瑞典、意大利、法国、匈牙利、奥地利、英国和荷兰。表 1 – 1 显示，这八个成员国在 2014 年共收到 491224 份首次庇护申请，占当年欧盟 28 个成员国总量的 87.27%；而 2015 年这八个国家共收到 1093070 份首次庇护申请，占同期欧盟总量的 87.03%。从排名来看，除德国稳居首位外，虽然其他七个国家的位次在 2014 年和 2015 年有所变化，但有一个共同点就是，这八个国家收到的首次庇护申请合计占到欧盟总量的 87%，说明难民潮主要流向这几个成员国，而其中，德国又是重中之重，一国就承担了三成以上的难民数量。

再从难民来源国的集中程度来看，这次欧洲难民潮主要来自亚欧大陆及非洲十几个国家和地区，包括亚洲的叙利亚、阿富汗、伊拉克和巴基斯坦，欧洲的阿尔巴尼亚、科索沃、塞尔维亚、俄罗斯和乌克兰，非洲的厄立特里亚、索马里及尼日利亚等。

表1-2　2014—2015年欧洲难民主要来源国（地区）人数及所占比重

	2014年申请庇护者人数（人）	2014年占欧盟申请总量比重（%）	2015年申请庇护者人数（人）	2015年占欧盟申请总量比重（%）
欧盟28国	626065	100.00	1255640	100.00
叙利亚	122790	19.61	362775	28.89
阿富汗	41305	6.60	178230	14.19
科索沃	37875	6.05	66885	5.32
厄立特里亚	36990	5.91	33095	2.63
巴基斯坦	22120	3.53	46400	3.70
伊拉克	21330	3.41	121535	9.68
尼日利亚	19950	3.19	29915	2.38
阿尔巴尼亚	16805	2.68	65935	5.25
合　计	319165	50.98	904770	72.04

数据来源：Eurostat，Newsrelease 112/2015 – 18 June 2015；163/2015 – 18 September 2015；44/2016 – 4 March 2016。

表1-2显示，此次欧洲难民潮来源地主要是上述八

个国家地区，在 2014 年欧盟受理的难民庇护申请中，它们合计人数为 319165，占欧盟申请总量的 50.98%。2015 年欧盟共收到 1255640 份首次庇护申请，其中这八个国家（地区）就占到欧盟总量的 72.04%。如果再"浓缩"一下不难发现，排名前几位的叙利亚、阿富汗、科索沃和伊拉克堪称难民潮的主流，2014 年它们申请庇护的人数合计占到欧盟总量的 35.67%，超过难民总数的 1/3。2015 年它们申请庇护的人数合计占到欧盟总量的 58.08%。进一步分析，这几个国家（地区）的难民大都偏爱选择到德国、匈牙利、奥地利或瑞典，同样体现出高度集中的特性。2015 年第一季度，48900 份首次庇护申请来自科索沃，占同期欧盟庇护申请总量的 26%，其中，90% 的申请集中在匈牙利（22800 份）和德国（21100 份）。叙利亚同期有 29100 份首次申请，占同期欧盟庇护申请总量的 16%，其中，近一半申请（13800 份）集中在德国。阿富汗同期有 12900 份首次庇护申请，占同期欧盟庇护申请总量的 7%，其中，2/3 的申请集中在匈牙利（4000 份）、德国（3000 份）和奥地利（1600 份）。2015 年第二季度，44000 份首次庇护申请来自叙利亚，占同期欧盟庇护申请总量的 21%，其中，3/4 以上的申请集中在德国（16300 份）、匈牙利（8400 份）、奥地利（5300 份）和瑞典（3900 份）。阿富汗同期有 27000 份首次庇护申请，占同期欧盟庇护申请总量的 13%，其中，一半以上申请（13600 份）集中在匈牙利。阿尔巴尼亚同期有 17700 份首次庇护申请，占同期欧盟庇护申请总量的 8%，其中，90% 的申请集中在德国（15930 份）。①

此外，这次难民潮流向欧洲的线路十分清晰，相对集中。难民潮海上线路包括地中海东线、中线和西线，陆上线路包括西巴尔干线路、东欧线路和阿尔巴尼亚到希腊线路。其中，地中海东线和中线是海路主干线，西巴尔干线路则是陆路主干线。西地中海线路由北非的摩洛哥经地中海从西班牙入境；中地中海线路由北非的利比亚经地中海登陆意大利，然后大部队奔向德国；东地中海线路由埃及和索马里经地中海登陆希腊，再经马其顿→塞尔维亚→匈牙利，进入奥地利和德国，它是偷渡客前往欧洲的"黄金路线"。据国际移民组织统计，

① Eurostat, Newsrelease, 112/2015 – 18 June 2015；163/2015 – 18 September 2015。唯一的例外就是 2015 年第二季度阿尔巴尼亚取代科索沃进入三甲。

2014 年有 283532 个非法难民和移民进入欧盟，主要走的是地中海东线、中线及西巴尔干线路，其中，220194 人通过海路偷渡，占进入欧盟非法移民总数的 77.66%。2015 年难民人数激增，截至 9 月 10 日，有 432761 个非法难民和移民通过海路进入欧盟，几乎比 2014 年海路偷渡人数翻了一倍。① 2015 年 1—8 月，还有 15 万多偷渡者经西巴尔干线路从陆路进入欧盟。另外，北非到南欧也有三条移民路线，许多偷渡者在付给蛇头数千美元后，由偷渡集团将他们组织起来分散运抵欧洲。第一条偷渡路线是拉各斯（尼日利亚）→阿加德兹（尼日尔）→赛卜哈→的黎波里（利比亚）→兰佩杜萨（意大利）；第二条偷渡路线是阿克拉（加纳）→塔曼拉塞特→瓦尔格拉→阿尔及尔（阿尔及利亚）→法国；第三条偷渡路线是内罗毕（肯尼亚）→亚的斯亚贝巴（埃塞俄比亚）→厄立特里亚→亚历山大（埃及）→希腊。

再次，此次难民潮鱼目混珠、身份复杂。国内外媒体在报道欧洲难民危机时往往使用"难民"（refugees）或"移民"（migrants）这样的词语，实际上表述不够准

---

① 数据来源："European Migrant Crisis", From Wikipedia, the free encyclopedia。

确，真正准确的概念应该是"难民和移民"（refugees and migrants）。何出此言？因为欧洲难民潮的主体虽然是难民，但也有一部分非法移民混杂其间，甚至传言还有少数来自"伊斯兰国"（ISIS）的极端宗教分子，正可谓泥沙俱下，这就是为什么欧盟官方在面对庞大的难民群体时有些力不从心的缘由，欧盟愿意接收的是真正的难民，而不是偷渡而来的非法移民，但从法律程序上要对这两大群体的身份做出甄别认定，既耗资费时，又比较困难，因为即便是来自叙利亚这样的难民群体中，也不乏一些有钱人冒充难民。①

（三）难民和移民有何不同

从欧盟法的角度来分析，难民和移民既有区别又有关联。"难民"是这样一些人：他们极不情愿但又因战

---

① 难民潮鱼目混珠有几种不同的表现方式：一种是来自叙利亚或其他战乱国家的有钱人，他们因害怕战火毁灭了自己积累起来的财富和家园，冒充贫困难民逃亡到欧洲；另一种是来自其他战乱国家的难民，因叙利亚难民在欧洲最受欢迎而冒充叙利亚难民，匈牙利等国有充分证据表明，有九成难民在进入欧盟境内时都声称自己是叙利亚难民，但大多数又拿不出身份证明或出具伪造的叙利亚护照；再一种是来自亚、非、欧非战乱地区的移民，大都混充战争难民，在进入欧盟之前他们就已把身份证明丢弃在边境线。

乱、迫害等原因，被迫流离失所甚至逃难到异国他乡。"移民"则是那些自愿移居国外的人。逃避战争的叙利亚平民就属于难民，而试图寻求更好发展机遇的喀麦隆人则属于移民。

从法律上讲，难民和移民在欧盟享有的保护权是有区别的：难民可在欧盟申请庇护，受国际法和国内法的保护，而经济移民则不能；难民可在另一个国家寻求庇护而无需获得签证，而经济移民通常需要获得签证或其他形式的工作许可证（work permit），以转变为合法移民；难民可以合法地得到安置和治疗，而经济移民常常被欧盟指控为达到经济目的而来，他们的庇护声明不可信。

难民又可细分为战争难民、政治难民及生态难民。战争难民最常见，纯粹是战争的产物；政治难民主要产生于党派冲突、宗教冲突及种族冲突；生态难民又称环境难民，他们是那些因生存环境恶化或瘟疫暴发而被迫出走的特定地域的平民百姓。

同样，移民也可划分为投资移民、技术移民和经济移民。投资移民一般是富人，他们到欧洲投资置产以换取永久居留权；技术移民靠专长和高学历博得欧盟青睐，是欧洲国家重点引进的人才。这两类移民欧盟都较为需要，因此也受欢迎。但经济移民一般来说就不太受欧洲社会欢迎了，同前两类移民相比，他们既无资金也无特长，前两类移民可以为欧洲社会做出较大贡献；而经济移民更多的被认为是来享受欧洲人应得的福利红利，甚至是来抢欧洲人的工作饭碗，因而不太受欢迎。

难民与移民有区别也有关联，难民面临的是生存问题，移民面临的是发展问题。难民和移民尽管有区别，但从本质上看，难民潮也是移民现象的一种极端表现，它们有一个共性，那就是无论难民还是移民，最终都想成为欧洲社会的一部分。相比而言，难民身份很容易得到欧盟的认同，最终转变成为欧洲的新移民；而移民身份则受限较多，投资移民和技术移民每年都有指标限制，更何况经济移民了。

此次难民潮的主体是战争难民，但同时也有经济移民。除了来自非洲喀麦隆这样一些国家的经济移民外，还有不少经济移民来自西巴尔干地区。就像阿尔巴尼亚人和塞尔维亚人，以前爆发战争时他们还可被称为难民，但现在该地区基本已恢复宁静，远离战火，但仍然有不少当地人想移民欧盟。科索沃人在 2015 年第一季度总计向欧盟提交了48900份庇护申请，占欧盟同期受理总量的26%；阿尔巴尼亚人在第二季度向欧盟提交了17665份庇护申请，占欧盟同期受理总量的8%。可见，经济移民在这次欧洲难民潮中所占到的比重不低。这种鱼目混珠的难民成分的确让欧盟及其成员国政府头痛。哪些人该救济安置？哪些人不该安置且应该遣返原籍？当难民大潮涌来时欧盟官方很难明确辨析、果断决策，这恰恰体现出欧洲难民问题的复杂性。

二 造成欧洲难民潮的原因探究

这次欧洲难民危机的爆发并非偶然，而是多方面因素综合作用的结果，并且经历了一个矛盾积累的过程。多方面因素既包含历史因素和地缘因素，又包含经济因素和政治因素，还包含救助差异与政策差异及其霸权因素等。

（一）历史因素及地缘因素

从此次欧洲难民潮的主流来看，叙利亚、阿富汗、巴基斯坦、伊拉克、尼日利亚、索马里及厄立特里亚这些亚非国家，在近代欧洲对外殖民掠夺的历史上，都曾经是欧洲列强的殖民地。像叙利亚就是法国的殖民地，阿富汗及巴基斯坦等则是英国的殖民地。英、法殖民主义的一个结果，就是造就了诸多讲英语和法语的第三世界国家，第二次世界大战后它们虽然成为独立的民族国家，但贫穷落后、政局动荡常常如影随形。每当国家出现战乱，这些无语言障碍的难民首先便涌向曾经的欧洲宗主国寻求庇护。从这个意义上讲，当年欧洲老殖民者在这些殖民地造的孽、欠的债终究是要还的，今天以难民潮的形式报到其后代身上。

再从地缘因素来看，欧洲地势平坦、紧邻亚非，而上述国家大多靠近欧洲，无论从海上还是陆上进入欧洲都比较容易，加上地中海又是偷渡欧洲的最佳捷径，因而才有了近年来一浪高过一浪的难民偷渡潮。

另外，还有两个欧洲自身因素也加剧了欧洲难民潮的严重程度。第一个欧洲因素就是来自西巴尔干地区的经济移民和俄乌冲突造成的战争难民，他们本身就身处欧洲，只不过是从欧洲的一侧迁徙到欧洲的另一侧罢了。因此，当数以万计的他们同亚非国家难民掺和到一起时，就汇成了一股汹涌澎湃的难民大潮。第二个欧洲因素就是欧盟一些成员国对待这些难民态度热情、敞开胸怀，让他们有宾至如归、出乎意料之感。比如德国和瑞典，无论国家大小，对这些难民都大开绿灯、尽其所能、妥善安置。从一组数据中就能看出德国和瑞典对待难民的诚意。2014 年德国和瑞典批准的难民庇护申请数位列欧盟成员国的第一和第二位，分别为 47555 份和 33025 份。2015 年德国和瑞典批准的难民庇护申请数继续位列欧盟成员国的第一和第二位，分别为 148215

份和 34470 份。① 正是由于它们对难民的"慷慨",才会招来一拨又一拨的难民,大家都因羡慕前者获得的待遇而纷至沓来,形成难民的"从众"心理。这也解释了为何难民潮高度集中、线路清晰。

(二) 经济因素和政治因素

如果说贫穷滋生经济难民、天灾产生环境难民,那么战乱或暴政则制造战争难民和政治难民,由此可见经济因素和政治因素与难民潮的关联性。从经济因素来看,这次欧洲难民潮中的一部分难民,就属于经济难民或移民,比如来自西巴尔干地区的难民以及来自非洲撒哈拉沙漠以南的一些贫穷国家的难民。西巴尔干地区虽然远离战火,但随着欧洲经济增长乏力且深受债务危机影响,西巴尔干的阿尔巴尼亚、塞尔维亚及科索沃更是面临严重的经济危机,在贪腐盛行、犯罪滋生和生活困难的背景下,该地区出现经济难民和移民是很正常的。近年来,西巴尔干地区的贫困者充分利用赴欧盟旅游可免签停留

① 参见 BBC, "Migrant Crisis: Migration to Europe Explained in Graphics", 24 September 2015; Eurostat, "Eurostat Pressrelease, 75/2016 - 20 April 2016"。

3个月的待遇，纷纷到西欧国家打黑工或寻求难民庇护，绝大多数人一去不返。实际上，这种"变相偷渡"或"变相移民"的现象越来越普遍，只不过以往西方媒体对其报道不多、关注不够。这次欧洲难民危机爆发后，给了更多该地区的贫民跑到西欧发达国家的良机，而西方媒体发现难民群中有大量来自西巴尔干地区的难民，这才开始加大对他们的报道力度。2015年在德国申请难民庇护的人群中，超过40%是逃避贫困、向往富裕生活的经济难民。同样，来自非洲一些非战乱国家的难民也乘机经由地中海偷渡到欧洲，只不过他们的偷渡经历和遭遇比起西巴尔干地区的难民来说，要曲折艰辛得多，不但要遭到"蛇头"的盘剥，而且要面对惊涛骇浪的威胁。

从政治因素来看，难民输出国家即便过去经济曾经繁荣过，老百姓曾经过着安稳的日子，但后来国家出现了政治动荡，甚至爆发了战乱，当战争和死神的阴影长期笼罩在老百姓的头上时，四处逃命或流亡异国他乡或许是他们唯一的生路，因此，他们就变成了战争难民。这样的难民输出国最典型的就是叙利亚、伊拉克和利比亚了，它们有几个共同之处：第一，这几个国家都曾经繁荣过，老百姓都曾过着安稳的日子。叙利亚和伊拉克都是历史悠久的文明古国，在 20 世纪 90 年代，叙利亚属于中等收入国家，而伊拉克和利比亚则属中上等收入的国家。第二，它们都曾经历过强权时代或独裁时代。伊拉克长期由萨达姆·侯赛因统治（1979—2003 年）；叙利亚长期由阿萨德家族统治（1963 年至今）；利比亚长期由卡扎菲统治（1969—2011 年）。第三，当强人政治被终结，国内便出现政治动荡乃至内战。萨达姆政权倒塌后，伊拉克表面实行了多党制，但政局不稳定，宗教矛盾、党派之争、族群冲突四起。叙利亚强人时代已经过去，现任总统巴沙尔·阿萨德无力掌控大局，国内反政府武装和伊斯兰极端势力 ISIS 日渐坐大，[①] 致使叙利亚战火越烧越旺，老百姓越来越遭殃。第四，都是外部势力干涉，才导致这些国家政局动荡，最终爆发战争。伊拉克战争是以美国为首的西方势力直接武装干涉而引发的，同样，利比亚战争也是美国及法国等西方势力联手发动的。叙利亚战争从表象上看是国内政府武装

---

　　① 叙利亚当前的局面十分混乱，各种势力逐鹿天下。除阿萨德政权外，还有伊斯兰国（Islamic State）、反叛/圣战者联盟（Mixed rebel/jihadist）、反抗者（Rebel）、真主党（Hezbollah）、库尔德人（Kurdish）和以色列，此外，美、英、法、俄等外部势力也直接或间接插手叙利亚事务。

与反政府武装直接的冲突，其实也是西方势力插手叙利亚内政的结果。而且西方势力干涉这些国家时，往往号称它们使用了化学武器，必须要国际社会强力介入才能解决问题。但当西方势力把伊拉克和利比亚的独裁者推翻且要了他们的命后，才"发现"这些国家根本就没有什么化学武器。叙利亚、利比亚和伊拉克的情况极为相同，而阿富汗和西巴尔干地区的遭遇也很类似——当所谓暴政、独裁体制被西方势力武装干涉而终结后，换来的并不是老百姓所期望的和平安宁，反而是内战不断、经济凋敝和民不聊生。从这个意义上讲，所谓暴政、独裁并不是导致大多数难民流离失所的直接原因，充其量会产生一些政治难民，而战争才是难民的催生剂。

（三）救助差异与政策差异

前述几方面因素构成了难民危机的诸多根源，但仍不足以说明这次欧洲难民潮爆发的动因，因为2013—2014年欧洲难民问题日渐突出，偷渡欧洲的难民和移民越来越多，但都不如2015年形成的难民大潮。那么，又是什么因素加速了这场难民危机的爆发？综合观察，还有两个重要因素最终促使难民大潮的到来。

第一个因素是全球不同地区在救助难民时存在较大的实力差异。自 2011 年叙利亚内战爆发以来，已造成约 25 万人死亡，近 800 万人失去家园，另有 400 万人流亡国外成为难民，于是出现了第一波难民潮。但第一波难民潮出现在土耳其、黎巴嫩和约旦这三个邻国，它们尽其所能，安置了大批的叙利亚难民。随着战事的持续升级，更多的难民涌入邻国，给这几个并不富裕的国家带来了沉重的负担。据联合国难民署统计，从 2011 年 4 月至 2015 年 8 月，土耳其曾接收了 1938999 个叙利亚难民，黎巴嫩曾接收了 1113941 个叙利亚难民，约旦曾接收了 628887 个叙利亚难民，[①] 这三个邻国接收的难民人数合计占到当时叙利亚难民总数的 92%。如果这三个邻国像欧盟发达国家那样富裕，也许就不会有第二波叙利亚难民潮涌入欧洲了。但事实上，由于它们不是富裕国家，收留难民的条件有限，留得住人却留不住心，加上欧洲救助叙利亚难民的条件十分优越，这种

---

① 参见 BBC，"Migrant Crisis：Migration to Europe Explained in Graphics"，24 September 2015。

区域性救助差异，必然出现"人往高处走"的难民大潮。一方面，第一拨叙利亚难民在邻国虽然暂时有个栖身之地，但苦苦等候四年多，国内战乱非但未平息，反而到处蔓延，致使他们重返家园的愿望彻底落空。同时，难民营里人满为患，生活条件每况愈下，缺衣少食，迫使他们另谋出路。2015 年 9 月初，联合国世界粮食计划署（World Food Programme，WFP）也因资金不足，被迫对待在约旦和黎巴嫩境内的叙利亚难民削减 30% 的经济补助，这些难民每月只能领到 14 美元的粮食券。另一方面，同样是叙利亚难民，因一些人幸运地待在欧盟富裕国家，得到的安置条件非常优厚。比如，德国对叙利亚难民每月补助 374 欧元，匈牙利每月补助 86 欧元。这种巨大的救助反差让待在土耳其、约旦和黎巴嫩的叙利亚难民羡慕不已，他们即便享受不到德国这样的优待，退而求其次，享受匈牙利的补助也比世界粮食计划署的补助多 6 倍。因此，我们就不难理解这种地区救助差异，导致叙利亚难民哪怕铤而走险也要西行至欧洲了。

第二个因素是接收国对待难民的政策差异，导致难民出现"避难挑选"现象。在欧盟接收难民的成员国中，像德国和瑞典态度热情、政策开放，难民在这类国家避难申请获批的比例较高，德国2015年夏天批准叙利亚难民的避难申请几乎100%，瑞典也高达77%，其他国家如法国和意大利批准的人数也较多。相比之下，东欧国家因各种原因接收难民的积极性不高，像匈牙利只批准9%的避难申请，更有少数国家像斯洛伐克、罗马尼亚和捷克，避难申请本身就很少，态度还不积极。所以，难民都希望到德国和瑞典这类富裕国家去申请，因为"中奖率"很高。另外，土耳其、塞尔维亚和希腊等面临难民潮冲击的一线国家，由于不堪重负，一度有意开放边境，致使大批难民集中涌入德国和瑞典等少数富裕国家，从而造成偷渡难民群大摇大摆地进入欧洲，并且在申请避难时还"挑肥拣瘦"。

从前述分析中可以清楚地看出：造成2015年夏季欧洲难民潮大爆发的因素很多，既有救助差异和政策差异，又有欧洲开放边境难得的历史机遇；既有人蛇组织诱惑性的宣传和"专业化"的输送，也有已经在欧盟富裕国家定居的难民鼓励、期盼其亲友来欧洲团聚享福而传递的"福音"；既有近年来叙利亚、伊拉克、也门和阿富汗极端宗教势力"伊斯兰国"及阿富汗塔利班的威胁越来越大，引发这些国家的百姓恐慌而四处逃命，又有像叙利亚青壮年难民为了逃避"抓壮丁"而踏上保命逃难之途。① 此外，季节和气候也是逃难时必须要充分考虑的一个要素。夏季的地中海相对平静，对走海路的偷渡者来说比较安全；而夏季阳光灿烂，对走陆路的偷渡者来说，可以在野外露宿，行动较为方便。正是诸多的因素叠加在一起，才造成了2015年夏季欧洲历史上最大规模的难民潮和难民危机。

（四）谁应该为此次难民危机承担主要责任

战争是制造难民的罪魁祸首，没有战争就不会有大规模的战争难民。远的历史不说，仅冷战结束后世界出现的一系列局部战争，哪一次没有制造大批难民？西方社会普遍认为，战乱与冲突、暴政与独裁、贪腐与迫害等，都是造成难民潮的直接因素，这种观点表面上看似乎有道理，但实际上还未触及造成难民潮的深层次

---

① 2011年叙利亚战火点燃后，政府军、反政府武装及"伊斯兰国"三股主要政治势力打得不可开交，但都缺兵少员，都采取挨家挨户上门"抓壮丁"办法。像叙利亚政府就通过法律，禁止18岁至42岁的青壮年出国。如果留在国内，他们只有两种选择：当兵打仗或被监禁折磨，两种选择都可能是死路，唯一的生路就是逃亡。

根源。

　　真正应该为这场欧洲难民危机承担主要责任的是美国及其欧洲盟友英国、法国等。为什么得出这样的结论？回顾一下冷战后爆发的几场地区热战，哪一场战争没有美、英的影子和西方奉行的新干涉主义？哪一场战争没有西方霸权主义和强权政治的色彩？从欧洲地区来看，20世纪90年代爆发的科索沃战争和北约轰炸南联盟战争，体现出美国欲通过北约控制欧洲的政治意图。2001年"9·11"恐怖袭击事件发生后，美国在阿富汗发动的反恐战争表面上看有其正义之处，但实际上却给阿富汗政局带来长期的动荡和持续的混乱。伊拉克战争更是美国以莫须有的罪名强加给伊拉克人民的，不但要了萨达姆的命，而且导致伊拉克各派政治势力争权夺利、相互倾轧。后来的利比亚战争亦如此，昨天还在与法国政要称兄道弟的阿拉伯强人卡扎菲，转眼却被法国武装干涉、命丧黄泉。至今战火还在燃烧的叙利亚，百姓流离失所，这个拥有2200多万人口的国家几乎有一半人逃难到国外，并成为当今欧洲难民潮的一大主角。

表2-1 冷战后以美国为首的西方势力武装干涉他国内政的战争实例

战争	波黑战争 1992—1995年	科索沃战争 1999年3—6月	阿富汗战争 2001—2014年	伊拉克战争 2003—2010年	利比亚战争 2011年2—10月	叙利亚战争 2011年至今
冲突原因	冲突原因：波黑前途和领土划分问题	冲突原因：塞族与阿族、北约与南联盟的矛盾	冲突原因：美国反恐与塔利班及"基地"组织的矛盾	冲突原因：美国与中东萨达姆政权的矛盾	冲突原因：以法国为先锋的北约与卡扎菲政权的斗争	冲突原因：西方支持反政府武装与政府军的斗争
西方干涉的程度	西方干涉的程度：北约实施有限空中打击，军事介入	西方干涉的程度：以美国为首的13个北约国家对南联盟实施大规模空袭	西方干涉的程度：以美国为首的北约对塔利班和"基地"组织实施上万人大战	西方干涉的程度：以美、英联军为首的西方国家发动的西方国家代化战争	西方干涉的程度：法国军事打头阵，美、英等北约国家跟进	西方干涉的程度：美、法等西方国家以及土耳其、沙特支持反政府武装
战争结果	战争结果：有27.8万人死亡，270多万人沦为难民，直接经济损失450多亿美元	战争结果：造成1800人死亡，6000人受伤，近100万人沦为难民，经济损失高达2000亿美元	战争结果：造成数万人伤亡，300多万人成为难民，美国也耗资上万亿美元	战争结果：共造成10多万伊拉克人丧生，200余万难民逃到国外，美国也耗资7670亿美元	战争结果：10多万人死亡，15万人受伤，100万人无家可归，100万人需要人道主义援助	战争结果：逾25万人死亡，100多万人受伤，600多万人成为难民，至今经济损失高达13000亿美元

数据来源：依据好搜百科相关词条整理，http://baike.haosou.com/doc/。

　　从表 2 - 1 可以清楚地看出，这几场战争全是拜美国及其欧洲盟友所赐。抛开美国发动战争的各种理由不说，仅从结果来看，哪一场战争给战乱国人民带来和平与安宁、繁荣与团结？哪一场战争不剥夺成千上万的生命？哪一场战争不制造更多的难民？否则，怎么解释这场欧洲难民潮的主体来源恰恰是叙利亚、阿富汗、科索沃、伊拉克及利比亚等相关国家和地区的难民。

　　从本质上讲，冷战后美国一超独大，为维护其霸主地位和全球核心利益，美国一贯奉行霸权主义和强权政治、干涉主义和单边主义，动辄就对别国的内政横加干涉。当然，美国的干涉手法有直接与间接之分，胡萝卜和大棒交替使用。比如，在除掉其强权政敌萨达姆和卡扎菲时，采用的是北约打头阵的直接清除战术及干涉手法，然后用所谓美式民主的新政权替代旧的"独裁"政权。当美国想扶持反对派夺权时，则往往采用"颜色革命"或"阿拉伯之春"① 的和平演变战略，西亚北非一些政权的倒台以及叙利亚、乌克兰内战的爆发，同美国

---

　　① 所谓"阿拉伯之春"，是指 2011 年在美国扶持和间接干预下，发生在西亚北非一些阿拉伯国家的一系列反政府的政治运动及骚乱，结果导致突尼斯、利比亚、埃及和也门政权倒台，叙利亚则发生内战。

间接干涉他国内政有很大关系。美国在干涉别国内政时，常常借口推广西方"民主""人权"，反对"独裁""暴政"，或要求核查大规模杀伤性武器，等等。美国前任总统小布什就是一个虔诚的基督教原教旨主义者（Christian fundamentalist），他认为美式民主、价值观及生活方式是世界上最好的，他肩负着上帝的重任，有责任在全世界推广美式民主政体和价值观。而他把推广或改造的对象首先选择在阿拉伯世界，像伊拉克和伊朗这类国家在他看来就是"邪恶轴心"，必须加以根除。

美国在冷战后对全球事务和阿拉伯世界的干预，推行的霸权主义，直接导致叙利亚等国发生战乱，最终引发一场又一场的难民危机，因此，美国应该为战乱及难民潮承担主要责任，这一点是有根有据、毋庸置疑的。但值得注意的是，欧洲一些大国（如英国和法国）在美国制造战乱和难民潮的过程中，往往也充当了"帮凶"和配角的角色。比如英国，其外交政策长期追随美国，自认为是美国在大西洋彼岸最忠实的盟友，美国发动的一系列战争中英国总是形影相随，以至于伊拉克战争时英国首相布莱尔被媒体戏称为小布什的"哈巴狗"。法国有时与美国保持外交上的距离，由于法、德两国在伊拉克战争中的反战立场，它们曾被美国划分为"老欧洲"。但有时候法国也站在美国一边，尤其是发动利比亚战争时法国还充当了急先锋，近年来法国还积极支持叙利亚反政府武装。总之，英、法等一些欧洲国家在外交上追随美国干涉别国内政，一是出于对欧美普世价值观的认同及推广；二是利用与美国的盟友关系，提升并体现其在国际事务中的大国地位及影响力；三是自身也想谋求其在中东、北非地区的国家利益或小霸权，毕竟它们曾经是那里的殖民者。

综合观之，2015年欧洲难民危机的爆发是内外各种因素交织作用的结果，难民潮的到来也经历了一个矛盾的积累过程，但以美国为首的一些西方国家长期推行霸权主义和强权政治，以武力干涉主权国家的内政，才是导致欧洲难民危机的首要因素。对此，委内瑞拉总统马杜罗有一番透彻的表述，他指责美国把中东地区拖入战争旋涡，并引发欧洲难民危机。他尖锐地指出："谁轰炸了利比亚？谁夺走了10多万利比亚人的生命？谁如今又在轰炸叙利亚？谁在资助那些试图摧毁这一地区的恐怖分子？"恰恰是"美国制造了一场真正的灾难和混乱。它现在又想在世界其他地区制造混乱。"①

----

① 参见新华网2015年9月8日刘学的文章《最猛批评来了：难民危机就是美国惹的！》（http://news.xinhuanet.com/world/2015－09/08/c_128206365.htm）。

三　面对危机：欧盟陷入道义观与现实差异的悖论

美欧干涉他国内政的恶果之一，就是给中东、北非地区（包括阿尔巴尼亚及乌克兰等欧洲国家）造成普遍的无序和政局动荡，最终酿成难民危机，直接殃及欧洲社会。面对这场第二次世界大战后欧洲历史上最严重的难民危机，欧盟却深陷欧洲道义观与现实差异的矛盾之中，面临良心与能力的纠结、道义与体制的差异、东西欧实力的鸿沟。

（一）欧洲有难民庇护的历史传统

从历史上看，欧洲国家有难民庇护的传统，而且庇护主体既有国家也有教会。庇护权（right of asylum）又称政治庇护权，这一古老的司法概念源自古希腊，意指一个受其祖国迫害的人，可被另一个国家或教会保护。后来，这种庇护权在欧洲中世纪教权鼎盛时期，得到普遍的认可。宗教庇护权保护那些从法律上被指控为罪犯的人，包括谋杀者、小偷及被指控通奸者。在近代欧洲，庇护权由法国哲学家笛卡尔引入荷兰、法国思想家伏尔泰引入英国、英国思想家霍布斯引入法国，逐渐成为西方国家的一种政治文化。法国是第一个通过立法承认庇护权的国家，在其 1793 年宪法第 120 条中就有明文规定：法国人民对于因争取自由而被其本国放逐的外国人给予避难所。① 英国在 19 世纪也曾给予各种受迫害者政治庇护，其中包括从事社会主义运动的卡尔·马克思。在 20 世纪 70—80 年代，法国接收了许多来自南美独裁国家（如智利和阿根廷）的难民。进入 21 世纪，由于接收的难民数量增多，法国在 2003 年通过立法，为政治庇护设定两个限制条件，对政治难民身份的认定越来越严苛。这两个限制条件一个是"内部庇护"概念，即如果庇护申请者在其国内的某个区域可能受益于政治庇护，那他的庇护申请有可能被拒绝；另一个就是庇护者如来自尊重公民政治权利和自由权利的"安全国家"，如蒙古国、印度、阿尔巴尼亚、乌克兰及马里等，其庇护申请有可能被拒绝。2006 年，法国总共给予 7000 人政治难民地位。如果说欧洲国家对政治难

---

① 来源：《一七九三年法国宪法》，找法网（http：//china. find-law. cn/info/guojiafa/xffl/271769_ 3. html）。

民尚有庇护之心，那么对战争难民就更应收容庇护。

（二）欧洲向来标榜人权道义

欧洲在近现代史上一直扮演双重的矛盾角色：一面是产业革命的摇篮和文明社会的典范，另一面则是船坚炮利和血腥的殖民掠夺；一面是欧洲普世价值观（自由与民主、平等与博爱、人权与法治等）的弘扬推崇，另一面则是欧洲两次世界大战对人类社会的杀戮摧残。第二次世界大战后欧洲社会通过深刻反省和自我检讨，把双重角色中的负面形象彻底抛弃，通过创建欧洲共同体，不断向国际社会展示其文明和平的新形象。为了改变以往人们对欧洲的负面看法，欧洲重视标榜人权道义，试图成为西方普世价值观的楷模。经过战后几代人的努力，当今的欧洲的确给人一个爱好和平、经济发达、社会稳定、百姓享福的良好形象。每当贫穷国家发生战乱或天灾，我们总能看到欧洲国家对难民的收容救济或慷慨解囊。每当有的国家出现暴政或迫害无辜时，我们总能看到欧洲的义愤填膺和强烈谴责。从欧共体发展成为欧盟后，欧洲更加关注人权道义，人权已经成为欧盟的核心价值之一。欧盟委员会每年要拨出一大笔经费用于全球战乱地区的人道主义援助，比如在非洲，但援助是附带有人权条件的，要求受援国政府推进人权和法治。可见，人权道义俨然已是欧洲塑造新形象、提高国际话语权的一个有效法宝，2012年欧盟为此还获得诺贝尔和平奖。所以，当欧洲难民危机来临时，欧洲国家及社会绝对不会坐视不管。

（三）救助难民——欧洲面临道义观与现实利益相悖的困境

对人权的关注，对难民人道主义的救助，对暴政和独裁的谴责，一向是欧盟共同外交与安全政策的发力点和亮点，因此当欧盟面对这次前所未有的难民危机时，它别无选择，只能义无反顾地出台救助政策，敦促其成员国尽全力安置难民。然而，欧盟在解决难民问题的过程中却深陷欧洲道义观与现实利益相悖的困境。

第一个困境是良心与能力的纠结。说欧洲人普遍有良知，是因为他们曾饱经战争的蹂躏和纳粹政权对人权的践踏，深知人权与自由、生命与尊严的可贵，因此他们愿意救助甚至接收难民，觉得这么做是上帝赋予他们的神圣使命，按中国人的理解就是行善积德。但仅凭良心和热情做事未必圆满，当欧洲社会向战争难民敞开胸怀时才发现，他们需要救助的对象实在太多了，姑且不论逃难者的身份是否属实，仅 2015 年 8 月份就有 15 万难民涌入欧洲，一时间让处于难民入境"前线国家"（Front States）的匈牙利、奥地利、希腊及意大利等难以招架、苦不堪言。设想一下，再有钱的富豪他们对穷人的施舍也是会挑选对象及有限度的，当无数的穷人都赶来"吃大户"时，这些富豪恐怕也得关大门了。当今欧洲社会面对的难民潮，比"吃大户"还汹涌可怕，欧盟各国不仅要救济安置难民，而且还要对他们终生负责——他们中的大部分人从难民身份转变成为合法移民后，还会留在欧洲，享受欧洲社会福利一辈子。所以，当数以百万计的难民大军纷至沓来时，欧洲人深感良心无限与自身能力有限的纠结。

第二个困境是道义与体制的差异。欧洲人弘扬人权道义没有错，接收大量战争难民更是赢得国际社会的赞誉，但问题是，在人权道义观与欧洲现实法律体制之间，存在着明显的差异，导致欧盟在救助难民时往往感到此路不通、措施无力。例如，欧盟救助难民有一套法律制度和体系，包括从难民进入欧洲开始登记到就地安置，从难民递交庇护申请到其身份是否合法"准奏"，再从难民安置费用的来源到各成员国如何分配难民数量等方方面面，表面上看这套救助体系条款明确、完整有序且按部就班，但实际上，欧盟在接收和救助难民的实践过程中却遇到各种难题，致使办事效率低下或者根本就行不通。最典型的实例就是"都柏林体系"（Dublin system）①，按照其规定，难民首先进入的欧盟成员国，必须担负起责任对难民进行登记、受理申请、审批及救助安置等。对那些东欧一线成员国如匈牙利和克罗地亚来说，它们的接收能力本来就有限，一旦出现难民潮，要求其对进入本国的难民实施一条龙式的救助服务，完全是不现实的。其结果就是促使这些国家开闸放洪，把难民潮引向地处二三线的欧盟成员国，从而违背了都柏林体系的法律初衷。意大利作为欧盟的一个大国，同样也扛不住难民潮的重压，政府情愿给每个非法入境者 500 欧元，鼓励他们去德、法等国谋生，也不愿严格执行《都柏林公约》。另外，欧盟对其成员国颁发的指令往往不具有法律约束力，加上欧洲各国缺乏统一的难民政策，因而我们才能看到各成员国面对难民潮时的不同

① "都柏林体系"又称《都柏林公约》，是一部欧盟处理难民庇护申请的法律，于 1997 年生效，旨在明确欧盟成员国难民申请受理的责任分配和权限。按照规定，任何一个欧盟成员国，都有责任接收首先到达本国的避难者递交的难民申请，并承担起保护难民申请者的相应责任。

态度及应对之道。像德国和瑞典，其难民政策比较宽松，批准的难民庇护申请数较多；而避难法最为苛刻的荷兰，至少 2/3 的难民申请被驳回，并且要求申请被拒者必须在 28 天之内离开该国。

再一个困境就是东西欧实力的鸿沟。西欧国家指的是发达的或较为发达的资本主义国家，在欧盟 28 国范围内，它们包括德国、英国、法国、意大利、西班牙、荷兰、瑞典、比利时、奥地利、丹麦、芬兰、爱尔兰、希腊、葡萄牙及卢森堡 15 个老成员国。其他的中东欧、南欧国家基本都属东欧欠发达国家范畴，包括波兰、捷克、匈牙利、斯洛伐克、保加利亚及塞浦路斯等 13 个新入盟成员国。从欧盟 28 个成员国的综合国力来看，东西欧之间的实力鸿沟是十分明显的，尤其体现在国内生产总值（GDP）及总营业盈余（Gross operating surplus）两项主要指标上。

表 3 - 1　　　　　2014 年欧盟 28 国主要经济指标比较　　　（单位：亿欧元）

欧盟 28 国	GDP	所占比重（%）	总营业盈余*	所占比重（%）
德国	29156.50	20.90	10451.50	20.74
英国	22533.11	16.16	6294.46	12.49
法国	21324.49	15.29	6735.50	13.36
意大利	16138.59	11.57	6862.47	13.61

续表

欧盟28国	GDP	所占比重（%）	总营业盈余*	所占比重（%）
西班牙	10411.60	7.47	4580.89	9.09
荷兰	6627.70	4.76	2273.90	4.51
瑞典	4306.35	3.08	1218.84	6.14
波兰	4108.45	2.94	1960.93**	3.89
比利时	4006.43	2.87	1408.12	2.79
奥地利	3292.96	2.36	1205.20	2.39
丹麦	2577.52	1.85	773.92	1.53
芬兰	2051.78	1.47	669.99	1.33
爱尔兰	1890.46	1.35	806.16	1.60
希腊	1790.81	1.28	1041.59	2.06
葡萄牙	1733.46	1.24	660.40	1.31
捷克	1547.39	1.11	711.26	1.41
罗马尼亚	1500.19	1.07	783.09	1.55
匈牙利	1042.39	0.75	381.87	0.75
斯洛伐克	752.15	0.54	389.81	0.77
卢森堡	488.98	0.35	185.08	0.36
克罗地亚	430.85	0.31	152.35	0.30
保加利亚	427.51	0.30	186.13	0.37
斯洛文尼亚	373.03	0.26	123.75	0.24
立陶宛	364.44	0.25	173.53	0.34
拉脱维亚	236.94	0.17	113.39	0.22
爱沙尼亚	199.63	0.14	77.09	0.15
塞浦路斯	175.06	0.12	73.25	0.14
马耳他	79.41	0.05	31.34	0.06
总计	139568.18	100.00	50391.62	100.00

注：本表依据 Eurostat，"your Key to European Statistics" 相关数据制成。"*"总营业盈余为2013年数据，"**"波兰总营业盈余数据为2012年的，因此，总营业额比重略有偏差。

　　表3-1显示，欧盟28国从经济实力来看差距比较大，可分为五类：第一类属上等水平，包括德国、英国、法国、意大利和西班牙五国，它们的GDP均上万亿欧元，总和为99564.29亿欧元，占欧盟GDP总值的71.4%。第二类属中上水平，包括荷兰、瑞典、波兰、比利时和奥地利五国，它们的GDP在7000亿到3000亿欧元之间，总和为22341.89亿欧元，占欧盟GDP总值的16.02%。第三类属中等水平，包括丹麦、芬兰、爱尔兰、希腊、葡萄牙、捷克、罗马尼亚和匈牙利八国，它们的GDP在2000亿到1000亿欧元之间，总和为14134亿欧元，占欧盟GDP总值的10.14%。第四类属中下水平，包括斯洛伐克、卢森堡、克罗地亚、保加利亚、斯洛文尼亚、立陶宛和拉脱维亚七国，它们的GDP在1000亿到200亿欧元之间，总和为3073.90亿欧元，占欧盟GDP总值的2.2%。第五类属下等水平，包括爱沙尼亚、塞浦路斯和马耳他三国，它们的GDP在200亿欧元以下，总和为454亿欧元，占欧盟GDP总值的0.32%。前两类国家除波兰外，其余都是西欧发达国家，这九国的GDP总和为117797.73亿欧元，占到欧盟GDP总值的84.47%。同样，从总营业盈余指标来看，除波

兰外，有 10 个西欧国家的总营业盈余在 1000 亿欧元以上，总和为 42072.47 亿欧元，占到欧盟总营业盈余比重的 83.49%。上述两项指标基本反映了东西欧目前的实力差距。

当然，这项统计并没有把欧盟各成员国人口、国民收入及政府财政收支等因素包括进来，体现不出像卢森堡这样的西欧小国的发展水平，但基本上能客观反映出东西欧国家之间的悬殊实力。正是国家实力的鸿沟导致欧盟成员国在接收难民时，无论是态度还是政策都有着明显差异，并且相互指责或推诿，使得难民问题更加错综复杂。

四 安置难民：欧盟能否充当救世主

难民潮的到来让欧洲宁静的社会泛起了一朵朵浪花，在滚滚洪流面前，是躲避还是搏击，是分流还是吸纳，是高筑堤坝还是舍己救人，这是每一个欧盟成员国政府必须面对的问题。

（一）欧盟各国面对难民潮的表现

当2015年夏第一股难民潮冲击欧洲大陆时，首先受影响的是地处欧盟海陆边疆的成员国，如希腊、意大利及匈牙利等，它们也可称之为接收难民的"一线国家"。不管它们愿不愿意，难民既来之则必须安之，它们为此承担第一个重担、经受第一波的冲击。

希腊在2015年夏天可谓祸不单行，在债务危机达到顶峰时还不得不面对难民潮的冲击。希腊优越的地理位置吸引了大批的难民，他们抓住希腊政府处理债务危机无暇他顾的良机，从地中海纷至沓来。据联合国难民署统计，2015年1月至12月9日，有758596个难民经海路进入希腊，这一数字是2014年（43518人）的17.4

倍，希腊无疑成为难民潮首先冲击的一个欧盟国家。[①] 公正地说，希腊政府在债台高筑、濒临破产的情况下，还在尽力救助难民，每天通过轮渡将几千个难民从希腊岛屿运送至内陆安置。2015 年希腊政府还激活欧洲民事保护机制，向欧盟申请边防军 1600 名、欧洲指纹识别仪器 100 部。同时，希腊人民也有极高的个人素养和包容精神，尽管面临齐普拉斯总理（Alexis Tsipras）所称的"危机中的危机"，但希腊强大的民间救助力量，在相当程度上弥补了官方力量的不足。[②] 无休止的难民潮既牵扯希腊政府大量的精力，耗费不少的钱财（2015 年希腊已通过国家预算为收容难民投入 10 亿欧元），还影响到希腊的旅游收入。比如，希腊著名的旅游度假胜地莱斯沃斯岛（Lesvos）人口有 8.5 万人，本身游客也很多，最拥挤时还得负担 2 万名难民的生活，其承载力已达极限，吓跑了不少游客。万般无奈之下，希腊政府只好在求助

---

① 寇佳丽：《希腊：投入 10 亿欧元救助难民》，经济网 2015 年 12 月 16 日（http://www.jingji.com.cn/html/news/djxw/32635.html）。

② 希腊民间救助力量不容忽视，在第二轮救助希腊债务危机方案中民间曾贡献了 370 亿欧元资金。2016 年 1 月，希腊华人救助难民志愿者团体赴莱斯沃斯岛参与救助，这是该岛迎来的第 85 支参与救助的希腊民间组织。

于欧盟的同时开闸放水，让大多数难民经由希腊流进欧盟二三线国家。

意大利同样承受难民潮的冲击，并且承担欧盟赋予的紧急救援任务。2015 年前三季度，有 10 多万难民登陆意大利。意大利政府在安置难民的同时，还要忙于救援，仅 4 月 10—13 日，意大利海岸防卫队就救起 8500 名难民。而难民最青睐的意大利兰佩杜萨岛，2015 年已发生数起海难事件，抵达该岛的难民人数甚至超过岛上居民人数。[①] 在经济不景气、财政赤字加大的情况下，意大利政府对欧盟各国"自扫门前雪"的态度极为不满，认为欧盟每一个国家都有责任和义务分担难民，不应该在一旁看热闹。由于带有情绪，伦齐政府对安置难民并不上心，有时还将难民安置在停车场内，而且不提供食物。后来对难民实行开闸分流，政府曾经给难民发放申根旅

---

① 兰佩杜萨岛（Lampedusa Island）是意大利位于地中海最南部的一个美丽岛屿，面积 21 平方公里，居民只有 4000 多人，距离北非国家突尼斯海岸仅有 113 公里，是难民地中海偷渡最想去的目的地。但它也是天堂与地狱的"分界线"，只要侥幸登上该岛就意味着欧洲天堂之门向难民打开；但只要发生海难事件，那么等待遇难者的就是地狱。意大利政府在岛上设有难民收容中心，最多时难民人数达 7000 人。近年来该岛每年都要发生数起难民海难事故，仅 2013 年 10 月，两艘偷渡船相继在兰佩杜萨岛附近倾覆，就已造成约 400 人死亡的悲剧。

游签证，甚至给每人 500 欧元盘缠，纵容他们投奔德国和法国。

奥地利也是难民潮从陆路进入欧盟的一个捷径。2015 年上半年，有 10.2 万人经奥地利进入欧盟其他国家，有超过 2.7 万难民选择在奥地利申请庇护。在难民潮到来时，仅 9 月 19 日一天，就有 1.1 万人从匈牙利和斯洛文尼亚边境进入奥地利。从 9 月至 10 月，大约有 40 万难民涌入奥地利，政府被迫加强边界检查和管控，打击人蛇偷渡集团。同时，为安抚国内日渐高涨的反移民情绪，政府进一步收紧难民庇护政策，规定获得庇护资格的难民在奥地利生活三年后，必须再度接受资格评估，一旦认定他们来自"安全国家"，就会将其遣送回国。

匈牙利则是 2015 年欧洲难民潮冲击的一个重点。2015 年 1—9 月，已有 17.5 万难民入境匈牙利。匈牙利在东欧国家中经济还不错，但面对一波波难民潮的冲击，匈牙利早已不堪重负，不顾欧盟及其他成员国反对，从夏天开始耗资修建了 175 公里长的边境铁丝网隔离墙。从 9 月 15 日起，政府宣布进入危机状态，增派警力控制边境线，穿越边境隔离墙将会被视为犯罪。匈牙利总理欧尔班在回答记者的提问时公开让难民"从哪里来就回到哪里去"①。他认为不少来到欧洲的移民并不是真正的难民，因为他们并非来自战乱地区，而是来自黎巴嫩、约旦和土耳其边境的难民营。在筑"高墙"防洪的同时，匈牙利政府又将入境的大批难民引入奥地利和德国。由于欧尔班政府对待难民问题的强硬立场和观点招致欧洲舆论的广泛批评，12月9日欧盟委员会决定启动对匈牙利政府"违背义务"的查处程序，认为其对待难民的行为既违背人道主义又侵犯人权。②

　　危机面前，倒是欧洲一些小国尽其所能、担当责任。在匈牙利关闭与奥地利的边界后，大批难民转道斯洛文尼亚和克罗地亚。仅2015年9月中旬至10月下旬，就有25.6万难民涌入克罗地亚。10月16日匈牙利宣布关闭与克罗地亚的边界后，短短一周内就有6.5万难民通过克罗地亚涌入斯洛文尼亚。克罗地亚和斯洛文尼亚的人口分别只有433万和210万，这两个小国的政府一边

---

　　① 王雅楠：《匈牙利总理：让难民从哪来回哪去》，新华网2015年9月13日（http://news. china. com/internationalgd/10000166/20150913/20381799. html）。

　　② 刘思嶽：《匈政府对待难民的态度受到诟病》，《新导报》2015年12月15日（http://www. xindb. com/news/xiongyalixinwen/2015/1215/16037. html）。

为难民准备帐篷、毛毯和被褥等生活必需品，一边努力用交通工具运送难民前往德国，而不是关门避之。还有欧盟的候选国马其顿，人口也只有 203 万，面对难民潮，政府每月花费 80 万欧元来管理难民。值得一提的是挪威，这个并非欧盟成员国、人口仅有 510 多万的欧洲小国，2015 年 1—10 月共接纳 47095 名难民，占欧盟接纳难民总数的 2.13%，相当于西班牙、爱尔兰、马耳他、塞浦路斯、罗马尼亚、卢森堡、捷克和克罗地亚八国同期接收难民人数的总和。

相比之下，欧盟两大成员国法国和英国在对待难民潮的态度上，显得不那么积极甚至有些暧昧。2015 年 10 月，法国总理瓦尔斯表示，在欧盟采取分摊难民共同政策的框架下，法国承诺将接收 3 万难民，但不会超过这一数字。法国总统奥朗德声称，难民问题的解决必须与难民来源国相联系，打击"伊斯兰国"就是一种有益的尝试。法国政府对待难民的态度不甚积极，也受其自身因素的影响。一是法国连续几年经济不景气，2015 年法国的失业率高达 10.6%，超出欧盟 9.8% 的平均失业率，是德国失业率的 2.3 倍。法国总统奥朗德被迫在 2016 年

1月宣布法国进入"经济紧急状态"。[①] 与此同时社会问题成堆，尤其是移民骚乱的阴影始终挥之不去，法国政府在接纳难民问题上有些投鼠忌器。二是法国社会右倾化、保守化越来越明显，不少民众反对过多的接收难民，政府必须要充分顾及社会舆论。法国《快报》2015年9月所做的一项民调表明，55％的法国人反对放宽接收难民的政策，给予叙利亚移民以难民身份。[②] 三是法国接待难民的能力也有限，现有的难民收容中心只有2.5万张床位，仅够容纳半数的难民。因此，尽管政府渲染法国具有的人道主义传统，但却缺乏实质性行动。四是法国移民法规定严格，庇护申请人在长达9个月的资格审核期内只能等待，不能找工作，这就使不少难民（包括想通过打工挣钱的巴尔干地区移民）对法国望而却步。

英国首相卡梅伦2015年9月7日表态，英国将在今后五年内接收至多2万名叙利亚难民，但拒绝欧盟委员

---

① 人民网综合法新社、BBC报道：《法国失业率高 奥朗德宣布进入"经济紧急状态"》，《人民网》2016年1月19日（http：//world. people. com. cn/n1/2016/0119/c1002 - 28066827. html）。

② 孟小珂：《法国双管齐下应对难民危机 欧洲安全形势更加严峻》，《中国青年报》2015年9月9日（http：//world. people. com. cn/n/2015/0909/c1002 - 27560596. html）。

会向欧盟所有成员国分摊难民的建议。英国政府对待难民的态度不积极也有其缘由。2014—2015 年，英国净移民数量超过 30 万，创下历史新高，迫使英国政府开始收紧移民政策。此时难民潮一旦波及英国，移民和难民人数的剧增将会给英国带来不少麻烦。更令卡梅伦担忧的是，英国独立党等新兴政治势力极力反对英国政府接收难民，并在国内舆论上获得不少民众的支持。如果违背民意一意孤行，保守党政府在难民问题上就有可能失分。因此，英国政府决定在有限度接收难民的前提下，与法国政府共同应对难民潮，联合打击从法国加来港向英国组织偷渡的犯罪行为，为此设立英法联合控制指挥中心，缓减两国边境口岸涌动的难民潮。英国政府还声称要推动欧盟修改移民法案，确保将不具备资格的难民遣返回国。

对待难民潮态度积极并敞开胸怀的国家是德国和瑞典。作为欧盟的老大，德国政府可谓财大气粗，在难民潮到来之际，敞开胸怀"拥抱难民"。从 2015 年 9 月初默克尔实施"门户开放"难民政策以来，涌入德国的难民人数剧增，仅 9 月份就有 16 万新难民登记，最多时一天涌入 1 万多人。原先政府预计 2015 年将有 80 万难民进入德国，实际上有可能突破 100 万。面对与日俱增的难民潮和国内政治压力，德国政府被迫一度对边境实行管控，并通过难民政策修改方案，确保在 11 月 1 日正式生效。① 瑞典虽然是个人口不到 980 万的小国，但瑞典的难民庇护政策堪称欧盟国家中的楷模。仅 2014 年就有 8.13 万人在瑞典申请庇护。政府欢迎难民并且投钱对他们进行语言、文化及职业等课程培训，帮助他们尽快融入当地社会。瑞典政府预计 2015 年接收的难民人数为 19 万，达到瑞典社会所能承载的极限，这对瑞典来说是一个严峻的考验。

还有一些欧盟成员国对接纳难民持消极甚至强硬态度，比如丹麦、波兰及捷克等。在这些国家政府看来，光靠欧洲接收成千上万的难民既不公平也不可能，因此它们反对德国一味迁就难民的政策，不愿意承担责任。丹麦政府面对难民潮，不是尽力安置，而是出怪招在黎巴嫩媒体上刊登广告，警告难民不要来丹麦，因为丹麦

---

① 德国难民政策修改方案对进入德国的难民增加了严格限制，如不再给被遣返者或即将转移到别国安置的难民基本补助；只给被遣返者三个月自愿遣返期限，过时即被立即遣返；把阿尔巴尼亚、科索沃和黑山列为"安全来源国"；对在第一收容所的难民不再给现金补贴，只发放生活必需品等。

政府已经收紧移民法并且消减了移民开支。波兰政府则声称在接收难民时波兰有先决条件，那就是只能接收少量的基督教徒难民。

表 4 - 1   2013—2015 年欧洲国家接收难民首次庇护申请的数量

	首次庇护申请人数（人）			三年总计（人）	所占比重（％）
	2013 年	2014 年	2015 年		
欧盟 28 国	431090	626960	1321590	2379640	94.47
德国	126705	202645	476510	805860	31.99
瑞典	54270	81180	162450	297900	11.82
匈牙利	18895	42775	177135	238805	9.48
法国	66265	64310	75750	206325	8.19
意大利	26620	64625	84085	175330	6.96
奥地利	17500	28035	88160	133695	5.30
英国	30585	32785	38800	102170	4.06
比利时	21030	22710	44660	88400	3.51
荷兰	13060	24495	44970	82525	3.28
丹麦	7170	14680	20935	42785	1.70
芬兰	3210	3620	32345	39175	1.55
保加利亚	7145	11080	20365	38590	1.53
波兰	15240	8020	12190	35450	1.41
希腊	8225	9430	13205	30860	1.22
西班牙	4485	5615	14780	24880	0.99
爱尔兰	945	1450	3275	5670	0.23
马耳他	2245	1350	1845	5440	0.22
塞浦路斯	1255	1745	2265	5265	0.21
卢森堡	1070	1150	2505	4725	0.19

续表

	首次庇护申请人数（人）			三年总计（人）	所占比重（%）
	2013 年	2014 年	2015 年		
罗马尼亚	1495	1545	1260	4300	0.17
捷克	695	1145	1515	3355	0.13
葡萄牙	500	440	895	1835	0.07
克罗地亚	1075	450	210	1735	0.07
立陶宛	400	440	315	1155	0.05
斯洛伐克	440	330	330	1100	0.04
斯洛文尼亚	270	385	275	930	0.04
拉脱维亚	195	375	330	900	0.04
爱沙尼亚	95	155	230	480	0.02
其他欧洲国家					
瑞士	21305	23555	39445	84305	3.35
挪威	11930	11415	31110	54455	2.16
冰岛	125	170	345	640	0.03
列支敦士登	55	65	150	270	0.01
28 国 + 4 国总计	464505	662165	1392640	2519310	100.00

资料来源：Eurostat Newsrelease，"Asylum and first time asylum applicants-annual aggregated data"（http：//ec. europa. eu/eurostat/tgm/table. do? tab = table&init = 1&language = en&pcode = tps00191&plugin = 1）.

表 4－1 中的数据基本可以反映出欧盟各国对待难民的态度。德国和瑞典这两个态度最积极的国家，在三年时间内共受理 1103760 份难民首次庇护申请，占欧盟 28 国 + 其他欧洲 4 国（瑞士、挪威、冰岛和列支敦士

登）总数的 43.8%。而两个非欧盟国家瑞士和挪威，接纳难民的态度也值得肯定，它们同期共受理 138760 份难民首次庇护申请，占总数的 5.5%。匈牙利、法国、意大利、奥地利、英国、比利时及荷兰排在德国和瑞典之后，这七国同期共受理 1031350 份首次庇护申请，占总数的 40.92%。如果把前述这 11 个国家受理的首次庇护申请数量相加，则占到欧洲 32 国受理总量的 90.22%。相比之下，从丹麦到爱沙尼亚这 19 个欧盟成员国所占比重还不到 10%。这种反差现象十分明显，充分说明欧盟各国在吸纳难民时分摊不均、轻重不匀。有的大国像德国一家就独自扛起近 1/3 的重担，而有的大国像英国和法国则未能竭尽全力。有的中小国家像瑞典，一家承担的担子比丹麦、波兰等 19 国承担的还要多；匈牙利也承担了 9.48% 的重担，是意大利、保加利亚和西班牙三国的总和。有的中等国家如波兰和西班牙，按照国家实力理应接纳更多难民，但他们却只承担很小的比重。还有的发达国家像芬兰、丹麦、爱尔兰和葡萄牙，接收的难民申请也很少，这四国加起来的比重竟然还不足 4%。

（二）难民危机暴露欧洲一体化制度设计缺陷

为什么会出现欧盟国家在接纳难民时的贫富不均问题？仅从国家实力和政府态度来分析，很难说清楚这种现象背后的动因。实际上，难民危机不仅反映出欧盟各国的立场和考量，更是暴露出欧洲一体化在制度设计上的某些缺陷。

首先，难民庇护机制失调，导致"一线国家"苦不堪言。欧盟《都柏林公约》规定了难民寻求庇护的申请流程及担责主体，强调难民首次抵达的成员国有义务和责任收容难民，并受理难民的申请。而当难民被法律承认其合法居住权后，他的家庭成员可以申请团聚，而所在国政府有权调查他们的申请。经过调查不能获得合法居留权的难民，政府有权将其遣返。总之，该公约表面上赋予了当事国若干权力处理难民问题，但实际上对希腊、意大利和匈牙利这些"一线国家"来说，等于给政府套上了法律的紧箍咒，逼迫它们对第一次进入本国的难民进行全程管理，包括吃喝拉撒睡。这在无形中给了这些国家巨大的压力，政府不但要安置难民，还要通过复杂的法律程序对其甄别，该留的留下，该走的还要花钱打发。欧盟这套难民庇护机制在平时看似有效，但当汹涌的难民潮袭来时，像希腊和匈牙利这些首当其冲的国家，不但手足无措，而且深受《都柏林公约》的约束，难民就如同烫手的山芋，消化不进去，又不能随便抛弃。最终，它们索性放弃登记，对过境难民大开绿灯，把难民潮引向他国。同时，不断呼吁欧盟决策层重视它们的要求，对这一过时的公约加以修正。面对事实上已经失去效力的公约，欧盟委员会主席容克表示，《都柏林公约》管理难民的办法已经"行不通"，欧盟委员会将于2016年春天对这一政策做出必要的调整。

其次，欧盟决策机制失效，致使共同外交和安全政策（CFSP）大打折扣。共同外交与安全政策是欧盟三大支柱之一，它突出欧盟成员国对外用一个声音说话的特性，强调欧盟共同行动的一致性。可面对难民潮的冲击，欧盟决策机制却运转不灵，导致成员国在实施共同难民政策时各行其是、相互推诿。CFSP彰显了欧洲一体化的政治成果，强调欧盟一致对外的政策步调。然而，在处理难民危机中却让我们看出欧盟各成员国步调不一致甚至各行其是。当欧盟委员会要求各国分摊难民人数时，有的国家愿意，更多的国家并不乐意，还有东欧一些国家（波兰、捷克、斯洛伐克等）则明确表示反对。当6月25日欧盟召开难民问题峰会，要求成员国为希腊和意大利分摊4万名难民时，英国、捷克及波罗的海三国拒绝名额分摊提案。而当匈牙利要求成为第三个获得救助的国家遭拒绝后，则关闭了奥匈边界，并开始高筑铁丝网，导致难民危机不断升级。后来，当9月23日欧盟召开难民问题特别峰会协调成员国立场时，捷克和斯洛伐克领导人仍然反对难民重新安置配额，声称要向欧洲法院提起申诉。欧盟决策机制在难民潮面前屡屡失效，说明难民问题事关各成员国切身利益，每个国家都有自己的考虑，因此对欧盟共同的难民政策褒贬不一、各有所图就不足为奇了。

再次，欧盟难民庇护申请程序比较复杂，难民潮袭来时当事国办事效率低下，导致大批难民和移民长时间滞留在收容国。图4—1和图4—2完整体现了欧盟成员国受理难民庇护申请的两个阶段，即预审程序（Prescreening procedure）和标准程序（Standard procedure）。在预审程序阶段，来自四面八方（陆地边界、机场及国内外）的难民和移民，向他们进入的第一个欧盟成员国提交首次庇护申请，被收容后等待预审。

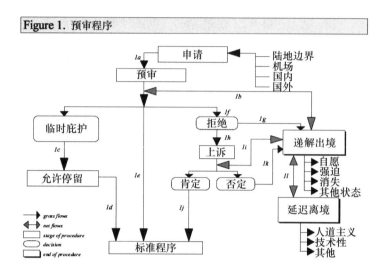

图 4 - 1 欧盟成员国受理难民庇护申请预审程序

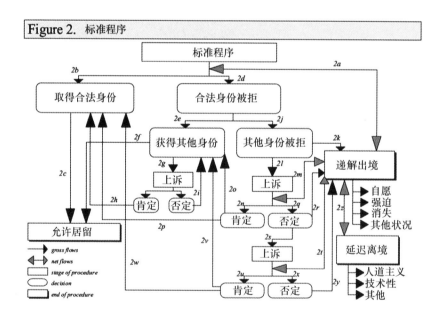

图 4 - 2 欧盟成员国受理难民庇护申请标准程序

图表来源："Draft Manual on Statistics of Asylum-seekers and Refugees", European

Communities, 2001。

　　预审分为三种情况：第一种情况是获得临时庇护（temporary protection），允许停留，再走标准程序；第二种情况是预审通过，直接进入标准程序；而第三种情况则要复杂得多，属于申请被拒绝（rejected），结果之一是给予申请人一个特定的时间，要求申请人自愿（voluntarily）离开或被遣返（forced）；但有时出于人道主义或技术性原因，可能会延迟（deferred）其离境时间。结果之二是允许被拒者上诉（appeal），上诉成功获得肯定（positive），照样可以转向标准程序；但上诉失败被否定（negative），最终还是被要求出境或遣返。

　　在标准程序阶段，情况和结果更加复杂。最好的情形就是直接获得合法身份（convention status），最终允许居留（residence permit）。另一种情形就是被拒绝给予合法身份，但可以获得其他身份，如果不服可以上诉，上诉获肯定也能允许居留。再有一种情形则是其他身份也被拒绝，同样可上诉，上诉成功有可能获得永久居留或暂时居留；而上诉失败还可以再上诉，结果也可能获得合法身份，但绝大多数会再度被否定，最终还是被迫离境。这个申请庇护和审批过程冗长而且程序繁杂，因此，对于等待获得批准庇护的难民来说，也是一个漫长熬人的阶段。

由于欧盟庇护申请程序十分复杂，且欧洲人办事比较刻板，缺少灵活性，加之难民和移民掺和在一起，导致各国耗时耗力耗钱，办事效率低下。一般而言，难民获得居留许可通常需要一年，其间他们可能还要分阶段性搬迁，被安置在不同种类的居留所。而遣返难民则不容易，所谓请神容易送神难，难民和移民合法身份被拒绝后，政府不但要为他们回国埋单，有时甚至要同他们玩猫捉老鼠的游戏，因为有些人拒绝被遣返而突然消失，警方必须花时间和精力把他们找出来，这些问题同欧盟的难民庇护和收容制度存在纰漏有直接的关系。

（三）应对危机——欧盟在行动

面对难民大潮，欧盟各国疲于应对，那么，欧盟的决策层又在做什么呢？事实上，从难民潮开始形成，欧盟委员会就始终在关注危机进程，并且从欧洲治理和全球治理两个层面双管齐下采取行动，试图通过管控难民危机，协调成员国立场和利益，解决突如其来的社会难题。

在欧洲治理层面，欧盟委员会采取了三方面措施来应对难民潮。

首先，依据难民危机的程度和进展，制定并发布一系列政策及指令，指导成员国的救助行动，协调成员国的立场和利益诉求。从新一届欧盟委员会 2014 年 11 月 1 日就职到 2015 年 11 月初，一年来容克领导的欧盟委员会基本上忙于处理难民事务，特别是 2015 年 4 月至 10 月间，为应对难民潮欧盟委员会已召开 5 次"难民峰会"，这在欧盟首脑会议召开的历史上实属罕见。2015 年 4 月 23 日，欧盟第一次"难民峰会"讨论了着力拦截走私船、阻止民众海上偷渡以及如何处理已经抵达欧洲的难民问题。6 月 24 日，第二次"难民峰会"讨论加快解决滞留希腊和意大利难民的安置问题。9 月 23 日，第三次"难民峰会"寻找应对难民危机之道，协调各成员国执行共同的难民政策。为此，欧盟委员会发布了一份重要文件——《管理难民危机：依据欧洲移民议程，采取预算及法律断然措施》（*Managing the Refugee Crisis：Immediate Operational，Budgetary and Legal Measures Under the European Agenda on Migration*），总结了欧盟半年来应对难民危机的做法。10 月 15 日，第四次"难民峰会"讨论加强欧盟外部边境管控、有效遏制非法移民潮以及建立欧盟边境和海岸警卫系统等问题。10 月 25 日，第五次小型"难民峰会"强调不鼓励西巴尔干地区难民和移民从一国流入另一国，增加对西巴尔干国家的经济援助，努力管控好边界，加强相关国家之间政策及司法的协调合作、情报与信息的交换，坚决同该地区人蛇集团和有组织跨国犯罪集团作斗争。会议以领导人声明的形式发布了欧盟 17 点行动计划。①此外，11 月 11 日，欧盟与非洲国家、联合国及非盟等国际组织领导人在欧洲岛国马耳他首都瓦莱塔举行难民峰会，探讨国家处理难民危机的作用，就解决难民问题根源、鼓励合法移民、保护难民权益、打击人口贩运、难民遣送和安置等议题进行磋商，并通过一项具体行动计划，欧盟加大对非洲贫穷国家的经济援助，同时遣返偷渡到欧洲的非洲经济难民。

---

① 这次紧急小型峰会由欧盟三大机构欧洲理事会、欧盟委员会及欧洲议会共同发起，由此可见欧盟领导层对难民危机的重视程度。与会者除了德国、奥地利、匈牙利、希腊、克罗地亚、罗马尼亚、斯洛文尼亚和保加利亚八个欧盟成员国外，还有西巴尔干地区的三个欧盟候选国阿尔巴尼亚、塞尔维亚和马其顿。此外，联合国难民事务高级专员（UNHCR）也应邀出席。详见 European Commission-Press release，"Meeting on the Western Balkans Migration Route：Leaders Agree on 17-point plan of action"，Brussels，25 October 2015（http：//europa. eu/rapid/press-release_ IP-15 – 5904_en. htm）。

　　欧盟委员会还陆续出台一些政策措施，加强对难民潮的管控。2015 年 4 月 20 日，针对地中海难民危机形势，欧盟提出 10 点行动计划。5 月 13 日推出管理移民的欧洲移民议程（*A European Agenda on Migration*），这是欧盟应对难民危机最重要的一份官方文件，它号召所有的相关行为体，包括成员国、欧盟机构、国际组织、市民社会、当地政府以及第三国携手合作，使共同的欧洲难民政策成为现实。具体内容涉及五个方面：（1）政策领域，要求对地中海难民危机做出迅速反应，制订全方位管理难民的长期措施；（2）减少对非法移民的资助；（3）拯救生命并强化欧洲外部边境管控；（4）实施一个强大的共同难民庇护政策；（5）对合法移民的新政策。①5 月 27 日发布实施欧洲移民议程的第一个指令包（*First package of proposals following the European Agenda on Migration*），包含难民重新安置计划。7 月 20 日，欧盟司法和内务委员会同意实施欧洲移民议程。在危机最严重的 9 月和 10 月，欧盟委员会更是马不停蹄，相继发布一系列

---

　　①　这份文件突出立刻行动目标和更好地管理难民的措施，包括减少对非法移民的资助、边境管控、强化共同的难民庇护政策以及合法移民的新政策。详见 European Commission，"A European Agenda on Migration"，Brussels，13. 5. 2015COM（2015）240 final。

重要的政策指令，诸如：发布实施欧洲移民议程的第二个指令包（*Second package of proposals following the European Agenda on Migration*，9 月 9 日），决定对 12 万难民重新转移安置，进一步落实欧洲移民议程；提出在半年内实施若干优先行动措施，实施 40 条侵权行为决定（*infringement decisions*）以支持欧盟难民庇护系统工作（9 月 23 日）；采纳欧洲移民议程下的预算措施（9 月 30 日）；发布实施优先行动应对难民危机的报告——《管理难民危机通讯：欧洲移民议程下成员国实施优先行动的作用》（*Communication on Managing the Refugee Crisis：State of Play of the Implementation of the Priority Actions under the European Agenda on Migration*，10 月 14 日）；提出成员国应对难民危机的具体要求（10 月 30 日）；发布《难民危机：希腊激活欧盟公民保护机制，同意欧盟边防局与前南斯拉夫马其顿共和国采取管控行动，触发快速边境干预团队机制报告》（*Refugee Crisis：Greece Activates EU Civil Protection Mechanism，Agrees Frontex Operation at Border with Former Yugoslav Republic of Macedonia and Triggers RABIT Mechanism*，12 月 3 日），等等。

表4-2　　　　　　　　　　2015 年欧洲移民议程相关立法文件

文件名称	发布时间	政策内容
A European Agenda on Migration 欧洲移民议程	2015 年 5 月 13 日	政策领域；减少对非法移民的资助；拯救生命并强化欧洲外部边境管控；共同难民庇护政策；合法移民新政策
First Implementation Package 第一个指令包	2015 年 5 月 27 日	重新安置：支持意大利和希腊的紧急反应机制；安置；欧盟打击人蛇集团的行动计划；难民指纹认证指南；公共协商未来的南卡指令；实施特里同计划的新方案
Second Implementation Package 第二个指令包	2015 年 9 月 9 日	重新安置 12 万申请难民庇护者，把他们从意大利、希腊和匈牙利转移到其他成员国；都柏林框架下永久的危机处理机制；来自"安全国家"的难民清单；遣返行动计划；遣返手册；难民支持措施的公共采购规定；处理难民危机的外部因素；非洲信托基金
Communication on Managing the Refugee Crisis 管理难民危机通讯	2015 年 9 月 23 日	管理难民危机：依据欧洲移民议程，采取预算及法律断然措施。附件 1：半年内实施欧洲移民议程的优先行动；附件 2：在"热点地区"工作的移民管理支持团队；附件 3：快速的边境干预团队机制（RABIT）；附件 4：在难民庇护、移民及一体化基金和内部安全基金框架下对成员国的财政支持；附件 5：成员国和欧委会对世界粮食计划署的贡献；附件 6：针对叙利亚危机的欧洲地区信托基金；附件 7：建立共同的欧洲难民庇护系统
Communication on Managing the Refugee Crisis：State of Play 管理难民危机通讯：成员国的作用	2015 年 10 月 14 日	管理难民危机通讯：欧洲移民议程下成员国实施优先行动的作用。附件 1：成员国优先行动的作用；附件 2：2015 年 10 月 11 日希腊的行动报告；附件 3：2015 年 10 月 11 日意大利的行动报告；附件 4：希腊确定的"热点地区"；附件 5：意大利确定的"热点地区"；附件 6：建立共同的欧洲难民庇护系统；附件 7：9 月 23 日以来成员国的财务承诺；附件 8：在难民庇护、移民及一体化基金和内部安全基金框架下对成员国的财政支持；附件 9：2012—2014 年欧盟—巴基斯坦重新接纳难民协议的职能

文件名称	发布时间	政策内容
Managing the Refugee Crisis 管理难民危机	2015 年 12 月 15 日	遣返滞留第三国非法移民的欧洲旅行文件；希腊热点地区；意大利热点地区；在欧洲重新安置机制内暂停瑞典的义务；土耳其志愿接纳难民的人道主义计划；西巴尔干地区报告

资料来源：European Commission，"Migration Towards a European agenda on Migration"。

为使欧盟成员国政府高度重视处理难民问题，容克主席在 9 月 23 日欧盟难民特别峰会上强调："今天最迫切、最突出的就是难民危机。把 16 万难民从深受其累的成员国转移出来重新安置，这个决定是历史性的一步，表明欧洲人团结一致的真诚意愿。但这并不是故事的结尾，现在是通过欧盟、通过其机构以及通过所有成员国进一步采取断然行动的时候了。"① 在欧盟努力协调下，一度饱受非议的难民重新安置计划最终在 9 月 22 日成员国内政部长会议上以多数票获得通过，欧盟各国将在两年内转移安置 16 万难民。其中，第二份难民安置计划，

---

① European Commission-Press Release，"Managing the Refugee Crisis：Immediate Operational，Budgetary and Legal Measures under the European Agenda on Migration"，Brussels，23 September 2015（http：//europa. eu/press-release＿ IP-15－5700＿ en. htm）.

拟将 12 万滞留在意大利、希腊和匈牙利三国的难民，转移到其他 22 个成员国重新安置。意大利将转出难民15600 人，希腊转出难民 50400 人，匈牙利转出难民54000 人。在难民接收国中，德国将接纳 31443 人，法国接纳 24031 人，西班牙接纳 14931 人，波兰接纳 9287人，荷兰接纳 7214 人，罗马尼亚接纳 4646 人，比利时接纳 4564 人，瑞典接纳 4469 人，这八个国家合计接纳难民 100585 人，占到重新转移安置难民人数的 83.82%。其他一些小国也量力而行，像保加利亚准备接纳 1600人，克罗地亚接纳 1064 人，捷克接纳 2978 人，斯洛伐克接纳 1502 人，而最小国家马耳他也要接纳 133 人。① 这说明众人拾柴火焰高，只要欧盟各国齐心协力，困难和问题是能够解决的。

在此基础上，欧盟还鼓励成员国向深受难民潮影响的塞尔维亚、克罗地亚和斯洛文尼亚提供急需的生活必需品，包括救助模块（团队及设备）、避难所、医疗设备等。

---

① European Commission-Press Release, "Refugee Crisis: European takes decisive action", Strasbourg, 9 September 2015（http：//europa. eu/rapid/press-release_ IP-15－5596_ en. htm）.

表 4 - 3　　　　　部分成员国通过民事保护机制对塞尔维亚、

克罗地亚和斯洛文尼亚的支持

	克罗地亚 （10 月 26 日）	塞尔维亚 （9 月 21 日）	斯洛文尼亚 （10 月 22 日）
奥地利	500 个睡袋，2500个一次性毯子，25000 双一次性手套，24000 件一次性雨衣	500 个枕头，50000个防护手套	2500 个毯子，500 个睡袋，900 套个人防护装备
德国	45 套电线，100 个羊毛毛毯，500 双橡胶鞋，50000 双一次性手套，480副橡胶手套		
卢森堡	10000 套防护服，26000 双一次性手套，150 张折叠床	5000 套防护服，26000 双一次性手套	10000 套防护服，26000双一次性手套，3000 套个人保暖设备，2 个救生包，15 套医疗设备，150 张折叠床
法国			1000 个毯子，100 张轻便床，1000 套睡觉包（每套包括 1 个床垫、1个枕头和 1 个睡袋）
捷克			22 套家庭保暖帐篷，110 个睡袋，110 张折叠床
荷兰			100 张折叠床，10 盏手提照明灯
匈牙利		50000 套防护服	1500 件保暖衣，6000 个一次性防护口罩，78 个过冬帐篷

续表

	克罗地亚 （10 月 26 日）	塞尔维亚 （9 月 21 日）	斯洛文尼亚 （10 月 22 日）
斯洛伐克			500 个毯子，500 个睡袋，275 个被单和枕套，135 张折叠床，15 张折叠桌
英国	150 套家庭保暖帐篷，10000 套高储热毛毯，50000 个口罩，100000 双一次性手套	11000 个毯子，500 个睡袋，3000 张地垫	11000 个毛毯，1600 个睡袋
罗马尼亚		2500 个睡袋，1000 张毯子，2000 套床上用品，500 张折叠床，500 个床垫，1000 个枕套	

数据来源：European Commission-Press release，"State of Play：Measures to Address the Refugee Crisis"，Brussels，30 October 2015。

其次，在财政预算和拨款方面加大对欧盟相关机构及国家的支持力度，使其能够有效地处理难民问题。2015 年欧盟委员会动用了欧盟储备基金来支持深受难民潮冲击的成员国，给予它们 7300 万欧元应急基金。由于开支太大，欧盟准备把 2015 年的基金资金再追加 1 亿欧元。2016 年欧盟则准备增加 6 亿欧元给欧盟边防局及深受难民潮影响的成员国，追加 3 亿欧元的人道主义援助，以满足难民基本的物资需求。从目前欧盟公布的应对难民危机财政支出数据来看，截至 2015 年 9 月底，欧盟已经耗资 8.013 亿欧元用于相关救助行动。其中，1 亿欧元追加给庇护、移民及一体化资金（the Asylum，Migration and Integration Fund，AMIF）；1300 万欧元用于欧盟三个管理机构，包括 60 人的欧盟边防局（FRONTEX）、30 人的欧洲庇护支持办公室（EASO）和 30 人的欧洲刑警组织（Europol）；3 亿欧元支持欧洲邻国信托基金（ENI）和人道主义救援。① 欧盟还对一些涉及难民问题的相关国家给予资金支持，促使他们更加积极地安置和管理难民。10 月 8 日，欧盟给塞尔维亚和马其顿 1700 万欧元应对难民潮。10 月 21 日欧盟拨款 6000 万欧元救助索马里难民。10 月 26 日欧盟拨付 590 万欧元紧急资金给希腊应急。11 月 12 日，欧盟瓦莱塔难民峰会决定向欧洲紧急信托基金追加 10.8 亿欧元，用于探讨和解决非洲非法移民的根源问题。11 月 24 日欧盟拨款 30 亿欧元用于土耳其难民安置。

---

① European Commission-Press Release，"Managing the Refugee Crisis：Budgetary Measures under the European Agenda on Migration"，Brussels，30 September 2015（http：//europa. eu/rapid/press-release_ IP-15 – 5729_ en. htm）.

再次，从机制上加强对难民危机的管控，尽量弥补欧洲一体化制度设计上的缺陷。欧盟决策层认为，在难民潮袭来时欧洲光顾埋头救助而忽略了危机的源头，忽略了首当其冲的欧盟"一线国家"的利益诉求，忽略了对推波助澜的人蛇集团的打击。同时，还用老套路去应对难民危机，用过时了的难民庇护机制去处理问题。结果适得其反，收效不大，凸显欧盟各国的矛盾和分歧，表明欧洲应急机制的不足。因此，欧盟委员会开始重视从机制上探讨如何有效地对难民危机实施管控问题，寻找解决问题的良策，尝试创立欧洲统一的难民甄别制度、统一的打击人蛇集团人口走私政策、统一的非法移民遣返政策、统一的难民安置及管理政策等。2015 年 9 月 9 日，容克主席在欧盟盟情年度报告中宣布一项计划，在欧盟成员国内重新安置 16 万难民，包括每个成员国应分摊的难民数量。尽管分摊计划遭到一些东欧国家的反对，但仍然获得欧洲议会批准，后来也得到大多数成员国政府认可。为鼓励成员国积极接纳难民，欧盟委员会宣布成员国每接收一名转移安置难民，可获得欧盟 6000 欧元的资金补助。为保障难民重新安置计划的顺利实施，欧盟还对难民潮最汹涌的"热点"地区派出难民管理支持团队（Migration Management Support Teams），他们与欧盟边防局、欧洲庇护支持办和欧洲刑警组织密切合作，与当事国政府一道工作，直接参与对难民的有效管理，包括鉴别、拍摄和登记入境者，对那些无权在欧洲停留者实施遣返计划。欧盟还启动民事保护机制（Civil Protection Mechanism）向接纳难民国家提供各种类型的救助。在必要时，欧盟还会向难民潮压力过大的成员国部署快捷边境干预团队（Rapid Border Intervention Teams），在一个特定时间内提供边境保护支持。针对地中海人蛇组织偷渡的犯罪行为，欧盟在 2015 年下半年增加了三倍的海上力量，为欧盟边防局实施海神波塞冬和特里同（Poseidon and Triton）联合行动追加三倍资源及资产，由意大利政府牵头的欧盟海上救援行动，拯救了 122000 人的性命。① 从 10 月 7 日起，意大利、法国、德国、英国和西班牙出动 6 艘战舰，对组织难民偷渡地中海的人贩集团展开缉捕行动。在难民潮导致一些成员国关闭边境或重启边境管控时，欧盟并未指责它们违反了欧盟法，而是

① European Commission-Press Release， "Managing the Refugee Crisis：Immediate Operational, Budgetary and Legal Measures under the European Agenda on Migration"，Brussels，23 September 2015（http：//europa. eu/rapid/press-release_ IP-15 – 5700_ en. htm）.

强调这样做仅仅是一个短暂的临时措施，依据的是紧急情况下的申根边境代码（the Shengen Borders Code），是一种动态灵活的管理。

在全球治理层面，欧盟重视与联合国组织及相关国家的合作，共同应对欧洲难民危机。欧盟领导人认为，在难民潮面前仅凭欧洲一己之力应对危机远远不够，欧洲必须与国际组织和国际社会一起携手。难民问题是一个超越国界、长期而复杂的问题，欧洲应对难民危机必须内外兼顾、标本兼治，只有这样才能有效化解危机。为从源头上解决问题，欧盟越来越重视与中东及北非相关国家的合作，给予它们资金支持，鼓励它们在当地救助更多的难民。目前，欧盟为缓解叙利亚危机已耗资 40 亿欧元，通过人道主义救助，惠及留在国内的叙利亚人以及叙利亚难民所客居的邻国黎巴嫩、约旦、伊拉克、土耳其和埃及。10 月 15 日，欧盟委员会与土耳其政府发布"欧盟——土耳其联合行动计划"[①]，强调双方致力于对土耳其境内的叙利亚难民提供临时保护和管理，联合

---

① European Commission - Fact Sheet，"EU-Turkey Joint Action Plan"，Brussels，15 September 2015（http：//europa. eu/rapid/press-release_ MEMO-15 - 5860_ en. htm）.

阻止非法移民入境，打击跨国人贩组织。欧盟委员会还拨出 18 亿欧元设立"稳定及寻求非洲非法移民根源的欧洲信托基金"。11 月 11 日召开的欧盟瓦莱塔移民事务首脑会议，体现出对欧非伙伴关系中移民问题的优先考虑。此外，欧盟还加强与联合国难民署、开发计划署、国际移民组织、世界粮食计划署以及红十字会的合作，2015年追加 2 亿欧元帮助它们在全球层面缓解难民危机，还特别向联合国难民署和世界粮食计划署增加 10 亿欧元援助。2014 年至 2015 年 9 月，欧盟号召成员国向世界粮食计划署捐款，德国出资 35.82 万欧元，丹麦出资 9.51 万欧元，法国出资 3.25 万欧元等。

（四）难民安置的难点问题

通过欧盟及其成员国的不懈努力，目前欧洲的难民危机有所缓和，16 万难民重新转移安置的计划开始付诸实施。9 月 23 日，英国政府承诺今后五年接收两万叙利亚难民中的第一批人已经进入英国。但从总体来看，欧盟取得的成果有限，达成的共识还亟待落实。随着秋天欧洲天气转凉，难民加快进入欧洲的步子，仅 10 月份就有 21 万人涌入，迫使一些成员国暂时关闭边界，以此阻止难民潮，却危及申根协定自由流动的法律原则。欧盟通过指令在希腊和巴尔干半岛沿线增设难民和移民收容中心，为难民和移民提供庇护、登记，协助管理难民。可以说，欧盟转移安置难民的工作才刚刚开始，面临诸多的问题，任重而道远。

难民安置的难点问题不少，集中体现在以下六个方面：

一是难民政策协调起来不易。由于欧盟的一部分政策及指令不具有强制性法律约束力，致使在贯彻落实中被成员国打折扣或拒不执行。这种现象既说明成员国与欧盟的政策意见不一，往往奉行国家利益至上主义，同时又表明欧盟的权威性和权力有限。即便欧盟的难民"配额"方案，是依据各成员国人口规模、经济总量、生活水平、就业率及失业率等诸多指标权衡计算的结果，相对比较科学和公平，但照样受到东欧一些国家的质疑和指责，它们认为欧盟强制性摊派的"配额"方案是一种"道德帝国主义"，违背了欧盟法的精神及"自愿原则"。因此，捷克、斯洛伐克、匈牙利和罗马尼亚四国在"配额"方案表决时投了反对票。由于该方案并不具有强制约束力，各成员国能否不折不扣地执行还是个问题。

难民政策如果不能协调一致地实施，结果就是我们看到的一幕幕欧洲难民潮乱象：有的国家敞开大门迎接，有的国家却高筑围墙；有的国家开闸放水，把难民潮引向他国，有的国家则关闭边界、严格管控；有的国家给予难民优厚的待遇，有的国家却对难民缺乏关爱。即便是边境管控方式，也仅仅是延缓了难民潮涌入欧洲的时间和步子，但却无法减少难民的数量。

二是东西欧国家接纳难民的态度及能力差异大。西欧国家有接纳难民和移民的历史文化传统，且经济发展水平高，综合实力强，因此它们对待难民的态度比较热情，给予的关爱和帮助比较多。虽说英国和法国在这次难民危机中的表现不尽如人意，但从传统上来看，它们过去也曾接纳了数以万计的难民和移民。仅德国和瑞典这两个国家，2015 年上半年就接纳了 41.71% 的欧洲难民，说明西欧国家是接纳难民队伍的主力军。东欧国家由于经济发展水平和国家实力远不及西欧国家，不具备大规模接纳难民的硬件设施，加之缺乏如何与大量难民融合的社会文化传统，在难民潮袭来时往往视其为洪水猛兽，要么高筑防洪堤坝，要么把洪水引向别国。当然，少数东欧国家（如匈牙利和保加利亚）在难民潮中的确负担过重、苦不堪言，但大多数国家（如波兰这样的大国）表现却令人失望，未能承担重担不说，反而找各种借口堂而皇之地拒绝接纳更多的难民。东西欧国家接纳难民的态度和做法，不单反映出欧洲发达与欠发达地区综合实力的差距，更反映出新老欧洲社会之间深刻的思想鸿沟和观念差异。

三是大国担责乃是解决难民问题的关键所在。欧盟各成员国经济社会发展水平悬殊，在难民潮面前就需要像德国这样的大国主动担责。德国仅凭一家之力，就承担起 1/3 的难民总数。如果英国、法国、意大利、西班牙及波兰等大国能像德国一样勇挑重担，加上瑞典这样的小国鼎力相助，何愁难民问题解决不了？然而，欧盟大国在难民潮面前普遍表现欠佳。特别是英国，近年来经济发展势头好于其他大国，但就是不愿意接纳太多的难民，即便是卡梅伦政府宣布英国将接收 2 万叙利亚难民，也显不出英国有多少诚意和大国风范。欧洲一体化已走到一个关键时刻，难民问题又是个长期且复杂的社会系统工程，如果大国不能团结一致共同担责，而是相互推诿、隔岸观火，那么难民问题不但不能有效化解，反而会对欧洲一体化进程产生相当大的负面影响。

　　四是难民间存在挑肥拣瘦、"避难选购"问题。东西欧经济实力和社会福利的差异，欧洲发达国家与欠发达国家难民政策及态度的差异，导致难民群体也存在"避难选购"问题。

　　五是欧盟边境管控威胁申根协定。申根协定的实施是欧洲一体化的一大成果，它取消对欧洲内部边界的管控，允许签约国公民自由流动，对降低欧洲国家边界管理成本，促进人员往来和货物流通，优化生产资源的配置，都起到了明显的推动作用。但当欧洲难民危机最严重时，欧盟一些成员国恢复对边境的管控，甚至关闭边界的做法，暂时缓解了本国难民潮，却违背了欧盟法规定的人员自由流动原则，威胁到申根协定，让欧洲人最引以为傲的人员和货物自由流动受到限制，引发欧洲社会的普遍担忧。

　　六是安置难民成本核算高。难民问题是一项复杂的社会工程，同样，安置难民也是一个经济学问题，因为难民的成本核算非常高，接收国政府需要投入巨额资金。欧盟目前已根据欧洲难民危机的严重程度，计划未来两年内投入 100 亿欧元用于难民安置工作。德国作为欧盟难民接收大国，2015 年接纳难民的花费就已超过 100 亿欧元，政府表示在 2016 年还将花费 100 亿欧元应对难民问题。德国每安置一个难民，在衣食住行及管理等方面的成本开支，一年就需要花费约 13000 欧元。瑞典政府为安置难民，包机将第一批来自意大利的难民转移至瑞典，并耗巨资将过去的监狱装修一新，改造成为世界上最豪华的难民中心。

五　难民危机将给欧洲社会带来深远影响

评估难民危机给欧洲社会带来什么样的深远影响为时过早，因为危机还未结束，2016 年是否还会掀起另一波难民潮很难说。但有一点可以肯定，这场百万大军逃奔欧洲的难民危机，对欧洲社会产生的深刻影响在不久的将来会逐渐显现，并体现在欧洲政治、经济、社会及外交四个方面。

（一）欧洲难民危机的政治影响

1. 难民危机助长了欧洲极右翼势力和欧洲社会反移民的思潮

欧洲极右翼势力一向鼓吹排外，近年来伴随欧洲经济增长疲软和严重的债务危机，极右翼势力在普通民众中的影响力迅速扩大。2014 年 5 月的欧洲议会选举，以"反欧盟、反欧元、反移民"为政纲的欧洲极右翼势力成功逆袭，仅法国极右翼政党国民阵线在选举中的得票率就超过 24%。

根据澎湃新闻网提供的数据，2015 年 1 月 7 日巴黎

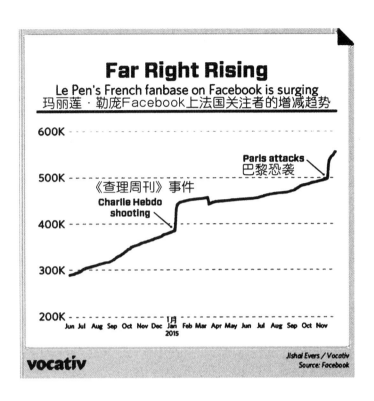

图 5 - 1　玛丽莲·勒庞脸书上法国关注者的增减走势

发生《查理周刊》暴恐袭击案后，玛丽莲·勒庞在知名度很高的脸书网站（Facebook）上陡增 5.7 万名法国关注者。而在同年 11 月巴黎再度发生系列暴恐袭击案件后，她的粉丝又增加了 4.3 万名法国关注者。[①]

在欧洲难民危机来临时，各国极右翼势力蠢蠢欲动、遥相呼应，紧紧抓住难民问题大做文章，煽动欧洲社会

---

① 参见澎湃新闻网（http：//news. 163. com/15/1207/10/BA7PUEO 000014 AED. html）。

支持其极端种族主义的主张。在匈牙利，提倡种族纯化的极右翼政党"为了匈牙利更好运动"（The Neo-Fascist Jobbik Party），在 2014 年的大选中获得 20% 选票，成为议会中第三大党。在瑞典，反移民、反欧盟的瑞典民主党在 2014 年 9 月的大选中赢得 12.9% 的选票，一年后它已发展成为瑞典政坛两大政党之一，支持率飙升一倍，超过 25%。在丹麦，2015 年 6 月 18 日右翼党联盟在大选中获胜，仅极右翼的丹麦人民党就获得 21.1% 的选票，成为国家第二大的政治势力。在法国，2015 年 9 月 6 日国民阵线领导人玛丽莲·勒庞在一次演讲中，指责德国敞开门户政策是为了把难民当成廉价劳工加以剥削，并且把其移民政策强加给邻国。在德国，2013 年才创立的德国新选项党（the Alternative for Germany，AFD）对接纳难民持强硬态度，其民意支持率在 2015 年下半年就上升了 5.5%。在奥地利，右翼自由党在难民潮到来时获得 30% 的支持率。2015 年 4 月至 9 月，至少有 9 个欧洲极右翼民族主义政党在脸书网站上的政治影响迅速扩大。其中，丹麦人民党的粉丝数量增长 67%，人数超过 5.5 万；英国反移民的独立党的粉丝数量增长 31%，人数超过 42 万；奥地利自由党和德国国家民主党的粉丝数量均增长8%。①

在这些极右翼政党的鼓惑下，欧洲社会思潮开始右倾化，民众反对接纳难民和移民的呼声渐高。2015年上半年，德国就发生了200多起破坏难民营的袭击事件。8月下旬，德国有250多名新纳粹分子在德累斯顿一个难民营闹事，他们手持酒瓶和极右翼标识的小旗，高呼"我们才是人民"。在波兰和匈牙利等国，也发生了民众反难民的示威游行。面对本国极右翼势力的兴起和部分民众对接纳难民的不满，即便是态度比较积极的德国政府和瑞典政府也倍感压力，深知难民问题处理不好，不但耗费大量国家的财力物力，而且还会招致极右翼势力的攻击和部分民众的反对，搞不好就会危及其执政党的威信和地位。

由此可见，难民问题对欧盟不少中左或中右执政党来说是一个烫手的山芋，而对右翼和极右翼势力来说则是一个千载难逢的良机。目前欧洲极右翼势力政治版图正在扩大，如果难民危机持续存在并且恶化，他们就可

----

① Steven Erlanger and Allson Smale, "Igrant Influx May Give Europe's Far Right a Lift", 7 September 2015 （www. nytimes. com/2015/09/08/world/europe/）.

能拥有更多的支持者。从长远来看，欧洲社会可能会转向保守，会有更多的右翼甚至极右翼政治势力上台，这种情况的出现不仅会危及欧洲一体化的成果，而且难民和移民有可能成为欧洲民粹主义的替罪羊。

2. 难民危机的持续发酵有可能引发英国加速脱离欧盟

英国卡梅伦政府曾数次声称要举行脱离欧盟的全民公投，[①] 国际舆论普遍认为这是英国保守党政府同欧盟讨价还价的一贯做派和外交谋略，未必当真。现在看来，英国保守党政府声称的脱离欧盟公投并非只是一个威胁或一种心理战，而是存在现实的可能性的。何出此言？

其一，英国传统的欧洲政策和外交思维奉行的是"遏制"和"获利"原则。作为一个与欧洲大陆隔岸相望的海洋帝国，英国不希望欧洲大陆出现一国独大或一统天下局面，长期奉行"遏制"政策，玩弄平衡权术。在欧洲近代史上，英国组建反法联盟打败拿破仑，在两

---

① 2014 年 9 月卡梅伦政府对外宣布，一旦保守党赢得 2015 年大选，英国将在 2017 年年底前举行脱欧公投。同年年底，英国政府拒绝为欧盟预算额外增加 21 亿欧元时，又一次表示要举行脱欧公投。2015 年 5 月保守党在大选中获胜后，英国女王宣布英国将通过法律，为提前在 2016 年年中举行的脱欧全民公投铺平道路。

次世界大战中与德国"死磕"，这些都属英国"遏制"政策的经典案例。但同时，英国也忘不了"获利"，当它看到第二次世界大战后欧洲一体化运动方兴未艾、渐成气候时，英国最终敲开欧共体的大门，并借助欧盟获得很多的好处。然而，英国始终对欧洲一体化抱有戒心，尤其反对德、法两国掌控欧洲事务。如今，欧元区的创立及共同外交与安全政策的实施，标志着欧洲一体化向更高的政治层面整合，这就触及英国传统外交政策底线。而德、法要求英国在欧盟中承担更大责任，更是令英国十分反感，表明英国今后在欧洲大家庭中获利更加不易，付出则会更多。鉴于此，卡梅伦政府近来不断通过释放英国欲脱离欧盟的探空气球，以此表达英国对德法主导欧洲事务的不满。

其二，保守党政府目前的欧洲政策十分矛盾、进退两难。在欧债危机和难民危机双重打压下，英国国内的政治气候明显右转，怀疑欧元、脱离欧盟（Breurope）的思潮高涨。一面是来自欧盟迫使英国加入欧元区、承担更大责任的压力，另一面是国内疑欧、脱欧的呼声渐高。保守党政府在处理这个矛盾时很头疼：加入欧元区，意味着英国外交彻底放弃了"遏制"原则，而"获利"

更加困难，搞不好自己也会陷入欧债危机的泥潭；脱离欧盟，则意味着英国 40 多年的欧洲政策又将退回原点。卡梅伦深知：不加入欧元区英国未来在欧洲事务中必将被进一步边缘化；而加入的话又将付出太多代价，且会受到国内疑欧、脱欧政治势力的攻击。两害相权取其轻，真到迫不得已必须做出决断时，卡梅伦政府有可能顺应民意，做出退欧的战略抉择。

其三，在欧洲难民危机蔓延之际，英国在道义和欧盟双重压力下，也被迫做出一定姿态，接纳一部分叙利亚难民。但同时，难民潮和移民潮也加重了英国的财政负担，助推英国社会反移民的极右翼政治思潮。在 2015 年 5 月英国大选中，有 380 万选民投票支持英国独立党（UKIP）就是一个危险的政治信号，该党向来主张要阻止难民进一步涌入英国，无论他们是什么身份，并且指责英国的欧盟资格为大量移民大开方便之门。这次英国大选中，难民问题已成为选民最关心的话题，超过 37% 的选民认为当今英国面临的最严重问题就是"移民问题"。[①] 卡梅伦连任首相

① Lianna Brinded，"The Refugee Crisis is Going to Blow Britain out of the EU"，7 September 2015（http：//www. businessinsider. com/the-refugee-crisis-is-going-to-blow-britain-out-of-the-european-union-2015 – 9）.

后，保守党看似在国会里一党独大，其实不然，仅拥有12 个席位的微弱多数。只要独立党和苏格兰民族党（SNP）等疑欧及脱离英国政治势力联手坐大，加上保守党内部再有少数议员临时倒戈，都将直接威胁到保守党的微弱政治优势。另外，2015 年 9 月初的一次民调显示，有 51％的受访者希望英国脱离欧盟，脱欧派比重首次超过半数。综合这些因素，卡梅伦声称在 2016 年将举行英国脱欧公投绝非危言耸听或信口开河，而标志着英国对欧洲政策的一次生死考验和大转向。

如果欧洲难民危机持久发酵，欧盟不能满足英国提出的一些改革要求，如禁止新移民申请津贴、把失业超过半年的新移民递解出境等，加上英国国内极右翼势力的推波助澜，那么这些负面因素叠加起来，就会使英国脱欧公投成为可能。两年前卡梅伦政府已经就苏格兰是否脱离英国举行过一次公投，在 2016 年就英国是否脱欧再举行一次公投应该是完全做得到的。只是结果难料，一旦出现多数英国人选择脱离欧盟的情况，卡梅伦政府则必须顺应民意公布脱欧时间表，不太可能出尔反尔。从这个意义上讲，英国政府向欧盟提出的各种要求及谈判筹码，断不可理解为仅只是一种要挟。英国最终退出欧盟的可能性在增大，如成为现实，欧洲一体化事业必受其害。

3. 难民危机凸显东西欧国家的矛盾分歧，挑战欧盟的核心价值观，考验欧盟的政治凝聚力

冷战结束后东欧倒向西欧，通过参与一体化形式实现了欧洲的政治统一。但是，入盟并不代表东西欧之间不存在重大政治矛盾和分歧。事实上，每当欧盟面临重大外交及安全决策时，东西欧之间的政策差异和政治分歧就会暴露无遗。过去，在对待伊拉克战争的态度上，在东欧是否部署美国战区导弹防御系统（TMD）问题上，在欧盟外交政策表决机制话语权问题上，东西欧国家之间的矛盾分歧就很明显。在东欧国家看来，自己是欧盟大家庭中的弱势群体，既要得到欧盟给予的实惠，又要争取东欧国家在欧盟政治事务中的话语权，有时还要与西欧国家争吵一下，以体现东欧国家的利益诉求。为此，东欧国家形成了自己的一个政治小圈子，即"维谢格拉德集团"①。这次欧洲难民潮对东欧国家尤其是匈

---

① 维谢格拉德集团由东欧四国——匈牙利、波兰、捷克和斯洛伐克组成，旨在加强彼此间合作和外交政策协调，提升中东欧国家的政治话语权，它是中东欧十几个国家的政治核心。

牙利的冲击很大，迫使其通过该集团向欧盟施压，并表达东欧国家对欧盟强制摊派难民份额指令的不满。

在这场难民危机中，东西欧国家对待难民的态度、做法及政策都存在较大差异，因而矛盾和分歧难免。德国、瑞典等西欧国家对待难民比较真诚，持积极的接纳态度。而东欧一些国家出于宗教原因、社会原因及经济能力不足等各方面考虑，接收难民态度不积极甚至有些"无情"。不仅如此，像匈牙利政府不但违背欧盟的人员自由流动原则，在边境上筑起一道阻止难民潮涌入的高墙，而且还声称大部分难民仅仅想通过匈牙利去德国寻求幸福生活，他们并不是难民。对此行为，法国外长法比尤斯称之为"可耻"行为，是对欧洲价值观的不尊重。从难民庇护制度到难民配额制度，从人员自由流动到高筑围堵之墙，从门户开放政策到边境管控、暗度陈仓，如此种种的差异和做法，凸显了东西欧国家之间的矛盾分歧，更是挑战欧盟的核心价值观，使申根协定形同虚设，欧洲的人权观遭到质疑，欧盟的团结也遭到撕裂。从这个意义上说，难民危机考验欧盟的政治凝聚力，如果处理不当，东西欧国家之间的矛盾和分歧还会加剧，欧洲的政治统一就将是纸上谈兵。

（二）欧洲难民危机的经济效应

1. 难民危机使欧洲社会不堪重负，欧盟财政面临短缺，拖累欧洲经济的复苏和增长

在欧债危机的打击下，欧洲经济增长不但缓慢，而且像葡萄牙、意大利、爱尔兰、希腊和西班牙等国还面临严重的财政赤字，[①] 特别是希腊债台高筑，几乎无力偿债。但就在欧洲经济停滞不前的时候，一场空前的难民危机又向欧洲大陆袭来。在双重危机的打压下，欧洲社会已不堪重负，欧盟一些成员国如希腊、意大利、匈牙利和奥地利等深受冲击。虽然还有德国及瑞典这样的国家充当"中流砥柱"，在很大程度上承担了难民危机最重的担子。但从经济学的角度来分析，这场难民危机对欧洲经济复苏所起到的负面影响远远大于欧债危机。自2008 年欧债危机爆发以来，欧盟 28 国 2009 年的财政赤字占 GDP 的比重达到 6.7%，其中，"欧猪五国"葡萄牙、意大利、爱尔兰、希腊和西班牙的财政赤字比重分

---

① 这五个欧盟国家因财政赤字严重而被国际舆论戏称为"欧猪五国"，即葡萄牙（Portugal）、意大利（Italy）、爱尔兰（Ireland）、希腊（Greece）和西班牙（Spain），把每个国家第一个英文大写字母依次合在一起，就是 PIIGS。

别为9.8%、5.3%、13.8%、15.2%和11%。2014年随着欧洲经济的复苏，欧盟28国的财政赤字比重降至3%，这五国的财政赤字比重也分别降至7.2%、3%、3.9%、3.6%和5.9%。① 但正当欧洲经济走向复苏时，一场突如其来的难民危机中断了欧洲经济复苏的步伐，给欧盟的财政带来沉重的负担。

欧盟目前在欧洲治理和全球治理两个层面，为处理难民危机的开支已达数百亿欧元。同样，欧盟成员国像德国每年用于难民安置的开销也高达上百亿欧元。假如欧盟在2015年接纳了100万难民和移民，即便其中有一部分移民最终要被遣返回国，但留下来的人也是个沉重包袱，因为接收国要负担其全部生活来源，不但要给零花钱，还要承担其文化教育和职业培训的高昂费用，如此种种都突出一个"钱"字。2013年欧盟28国的GDP仅增长0.1%，其中，德国增长0.4%，法国增长0.2%，英国增长1.7%。还有不少成员国则为负增长，意大利-0.9%，捷克-0.9%，荷兰-0.8%，葡萄牙-1.4%，

---

① 数据出处：Eurostat，"General Government Deficit/Surplus of GDP and Million EUR"（http：//ec. europa. eu/eurostat/tgm/refreshTableAction. do? tab = table&plugin = 1&pcode = tec00127&language = en）。

芬兰 - 1.4%。① 在经济不景气之时又面临难民潮冲击，难怪欧盟一些成员国要大发牢骚、相互推诿。

为振兴欧洲经济，提高欧洲在全球的竞争力，近年来欧盟委员会出台了一系列战略和发展政策，包括实施未来十年欧洲经济发展战略"欧盟 2020 战略"。在此总体框架下还有其他的配套政策，如"地平线 2020"（Horizon 2020）科研规划，该规划旨在建设"创新型欧盟"，增强欧洲创新能力，推动经济增长和扩大就业，仅此一项欧盟预算（2014—2020 年）就需投入 800 亿欧元。然而，当欧洲科技创新高潮遭遇难民大潮时，其庞大的开支可谓小巫见大巫。仅 2015 年欧盟及其成员国就已耗资数百亿欧元来应对难民危机，如果这笔钱花在欧洲研发和创新领域，肯定会产生较大的经济效益，有助于促进欧洲经济的进一步复苏，创造不少的就业岗位。然而，这笔巨资却被迫花在成千上万的难民身上，不能说用途不当，只能说不少钱打了水漂。随着难民危机的持久扩大，预计欧盟还将投入巨资来安置难民、处理难民事务，这些钱从何而来？怎样才能发挥最佳效益？都不是轻而

---

① Eurostat, "GDP and Main Components-volumes" (http://appsso. eurostat. ec. europa. eu/nui/show).

易举就能解决的。同时，难民潮还会拖累欧洲经济的增长，使欧盟的财政赤字问题越发严重，欧盟今后将为缺钱筹钱而大伤脑筋。

2. 难民危机使欧洲社会福利制度深受挑战，有可能迫使不少成员国修改福利政策，从而引发社会的动荡

社会福利制度及相关政策是欧洲引以为傲的政治资本，难民羡慕欧洲、涌入欧洲多半就是冲着欧洲的社会福利制度红利而来的。在欧洲发达国家，中青年时代辛苦半生、缴纳高额赋税，就是为了老有所依、老来享福。政府除保障劳动者的权益外，还拿出相当一部分资金来支持老弱病残等弱势群体（包括失业者）。问题是这种社会福利制度长此以往漏洞百出，不但谈不上奖勤罚懒，反而助长好逸恶劳、坐享其成的社会歪风。以比利时为例，该国目前的外来人口（包括移民）达 100 多万，已经超过总人口的 10%，近年来又接纳了 5 万多难民。难民和移民人数的剧增，已经给这个国家的财政带来沉重的负担。由于属小国寡民，比利时政府鼓励多生，法律规定生第 1 个孩子父母可一次性领取 1000 多欧元生育补贴，生第 2 个或更多个孩子，可一次性领取 800 多欧元。1 个孩子每月至少可得到牛奶补助 77.05 欧元，2 个孩子可得到 142 欧元，3 个孩子可得到 212.37 欧元。政府每月还向孩子发放抚养金，一直发放到孩子成人参加工作为止。问题是想多生的家庭主要是外来移民，像非洲黑人和中东阿拉伯人，动辄就生三四个孩子，而白人家庭生育率很低。

同样，比利时政府的短期失业补助政策也有问题。无工作且学历低下者，每月可领 500—600 欧元的失业金。而短期失业者（3 个月以内），只要雇主开出失业证明，每人可领到 800 欧元/月。这就造成不少人钻法律空子，成为经常性失业者，然后再向政府要补贴。更有甚者，有一个来自北非的移民，干活时故意剁掉自己的一个手指头，然后申请残疾人救助，政府一旦批准，他每月可领取上千欧元到老而不用再干活了。如果是长期失业，失业者可向保险公司申领失业保险金，金额为前五年其所在的公司工资总额的 70%—80%，最多可申领三年。65 岁以上老人除按月领退休金外，还可申领养老金，每月补助 800 欧元左右。如果父母都是失业者，那么政府每月补助 1 个孩子 250 欧元，2 个孩子 500 欧元，3 个孩子 2000 欧元，足够一家人填饱肚子。[①] 这种

---

① 参阅《比利时的福利政策》，比利时移民网（http://www.blsym.com/belgium/belgiumsummary/welfare.shtml）。

不公平的社会保障政策，严重挫伤劳动者的积极性，造成相当一批人（也包括难民）不劳而获。长久下去，好逸恶劳者队伍不断壮大，而政府财政赤字日益增加。

万般无奈之下，比利时政府只好紧盯就业者的税收和中小企业的腰包，不断加重其赋税。普通就业者在纳税后每月的纯收入一般还不到 2000 欧元，在餐饮业打工者更低，每月仅 1300 欧元左右。这种福利政策和税收政策的确谈不上公平公正，而企业赋税过重就很难拿出更多的资金用于研发创新，竞争力就会大打折扣。政府的做法无异于杀鸡取卵，当纳税企业不堪重负而破产时，政府不但得不到税收，反而要花钱供养曾经的纳税人，政策得不偿失，结果形成恶性循环。

当年法国总统萨科齐在谋求连任之前力主退休制度改革，把法国 65 岁领取全额退休金的时间延后两年，就得罪了一大批老年人，结果未能保住总统宝座。如今，欧盟任何一个成员国政府想仿效萨科齐搞社保改革，都要想想后果，因为改革将触动一大批既得利益者的神经，过惯了闲情逸致、坐享其成生活的欧洲百姓，特别是难民和移民，反对改革的呼声相当高。加之欧洲大陆是当年社会主义运动和工人运动的摇篮，各种行业协会及工会势力十分庞大，其社会影响力不容小觑。因此，这几年欧洲搞社会福利制度改革的国家，往往会出现大规模的罢工浪潮及社会动荡。

如今，难民潮问题给欧洲社会带来的影响不仅限于财政负担方面，而且还会波及欧洲社会的稳定，欧盟各国政府在处理难民问题与社会保障及社会稳定关系时，肯定难以寻找到良策。不改革社会福利政策，政府财政将无力承担大批难民的生存和发展；而改革的话又会动了既得利益者的奶酪，引发的社会连锁反应是无法想象的。这种矛盾困境正是当今欧洲社会的真实写照。因此可以说，难民危机牵一发而动欧洲社会全局。

3. 难民危机一旦过去，从长远看有助于为老龄化的欧洲增添充满活力的劳动力大军，解决欧洲劳动力老化的问题

欧洲国家特别是德国及瑞典等中欧、北欧国家已进入人口老龄化时代，老年人口越来越多，对欧洲社会而言意味着负担越重，还意味着中青年劳动力大军不足。从表5－1可以清楚地看出欧盟目前人口老龄化的严重问题。

表 5-1 2014 年欧盟及其部分成员国中老年人口占总人口的比重　　（单位:%）

	50—64 岁	65—79 岁	80 岁以上	合计占比
欧盟 28 国	19.9	13.4	5.1	38.4
德国	21.7	15.4	5.4	42.5
奥地利	20.0	13.3	5.0	38.3
比利时	19.7	12.5	5.4	37.6
荷兰	20.4	13.1	4.3	37.8
瑞典	18.1	14.3	5.2	37.6
芬兰	20.7	14.4	5.0	40.1

数据来源：Eurostat，"Population by Age Group of Total Population"（http：//ec. europa. eu/eurostat/tgm/refreshTableAction）。

28 个欧盟成员国年逾半百的中老年人占到总人口的 38.4%，而欧盟 2014 年年底的人口总数为 5.08 亿，这就意味着年过半百的中老年人口有 1.95 亿。其中，65 岁以上的老年人占比 18.5%，意味着这一老年群体拥有 9402 万人，属于真正的老年人。同样，欧盟一些中欧及北欧成员国人口老龄化现象也很严重，特别是德国和芬兰，中老年人口已占到总人口的 40% 以上。由于人口老龄化是欧洲社会的"国情"，欧盟不少老龄化国家被迫采取延迟退休的政策。于是，我们看到这样一组相关数据：2014 年欧盟 28 国年龄在 55—64 岁之间的"老工人"（older workers）占到就业大军的 51.8%。同样，在芬兰，老工人比重为 59.1%；在丹麦，老工人比重为 63.2%；在德国，老工人比重达 65.6%；在瑞典，老工人比重更高达 74%。[①] 欧洲社会的劳动力半数以上为中老年，唯一好处就是这一群体劳动经验丰富、技能熟练且十分敬业。但不好之处就更多了：体能跟不上劳动快节奏；身体越来越虚弱；老眼昏花可能会出错；占据关键岗位，年轻人难接班；老是不退休就意味着更多年轻人失业，等等。因此，欧洲劳动力严重老化问题长期得不到有效解决，就会给欧洲经济的增长及社会福利制度造成较大的负面影响。从长计议，欧洲必须要给更多的年轻人创造就业机会和职业发展机会。但从目前欧洲社会人口增长缓慢、白人家庭低生育率的情况来看，要指望传统的白人青年向父辈那样任劳任怨是不现实的，即使他们愿意接班，但劳动力也是有限的。所以，只有把眼光放在移民和难民群体身上，才能发现这个特殊的群体有着巨大的劳动潜能，是欧洲劳动力市场未来的希望所在。

---

① Eurostat, "Employment Rate of Older Workers" (http://ec.europa.eu/eurostat/tgm/table.do).

换一个视角来看待难民问题，我们也许会发现欧洲难民（包括移民）身上也有其亮点：其一，他们远涉重洋、背井离乡来到欧洲，是希望能在一个和平发展的大环境过上幸福生活，为了实现自己的美好梦想，他们中的绝大多数人愿意付出，好逸恶劳者毕竟还是少数。其二，欧洲各国政府虽然本着人道主义原则安置和救助难民，但政府不可能养他们一辈子，也期望他们能融入欧洲社会，发挥自己的作用，成为对国家和社会有用之才，为此，各国政府不惜花巨资对他们进行语言文化教育及职业培训。其三，欧洲新来的移民有一部分已迅速融入社会，并在欧洲有些行业担当主角。如在传统的建筑业、餐饮业及零售业，移民开始发挥主力军作用。比利时首都布鲁塞尔既是欧洲政治中心，也是欧洲人气很旺的一个旅游城市，在这里到处可见移民的身影，他们在超市、快餐店、酒吧、理发店及果品批发市场等工作勤奋，十分忙碌，已成为比利时经济社会发展的新鲜血液。

因此，只要我们对难民潮有客观的理解，就不难发现为什么欧盟尤其是德国和瑞典特别欢迎难民大军的到来。用唯物辩证法的观点来看问题，我们就容易理解德国和瑞典的难民政策。这两个发达国家经济社会条件都很好，但人口老龄化始终是它们的梦魇。它们把难民当作有用之才，视为劳动力的后备大军，所以才肯花血本接纳数以万计的难民。如果从商人的眼光来看，德国和瑞典接纳难民之举是在为国家的未来投资和储备人才，不可能做赔本的买卖。

相对而论，南欧国家如法国和西班牙，要么移民人口已经很多，要么本国经济疲软，要么本国的年轻人比重大或失业率高，因此，在对待难民问题上不像德国和瑞典那么积极，这也情有可原。同样，东欧国家经济不景气、失业率较高，要它们接纳众多的难民也属强人所难。从总体上讲，欧盟和德国、瑞典等国在处理难民危机中的表现可谓在"积德"，一旦这些难民安定下来，肯定会回报欧洲社会的。依据欧盟委员会的计划，2015 年欧盟及其成员国至少接纳 100 万难民，2016 年准备接纳 150 万难民，2017 年再接纳 50 万难民，等于三年内共向欧洲社会输入 300 万难民大军。除去当中的老弱病残，多数难民不但是欧洲劳动力市场的人力资源储备，更是充满活力的劳动力大军，他们一旦成长起来，必将在一定程度上缓解欧洲人口及劳动力的老龄化问题。

表 5 - 2　　　　　　　　　2014 年欧洲庇护申请者的年龄构成　　　　　（单位:%）

	庇护申请人数（人）	不同年龄段所占比重（%）					
		0—13 岁	14—17 岁	18—34 岁	35—64 岁	65 岁以上	未知
欧盟 28 国	626 065	18.8	6.7	53.7	19.9	0.8	0.1
比利时	22710	22.7	6.7	47.6	22.1	1.0	0.0
保加利亚	11080	17.4	12.8	56.2	13.2	0.4	0.0
捷克	1145	17.5	2.5	40.9	36.9	2.2	0.0
丹麦	14680	13.2	7.4	54.7	24.1	0.6	0.0
德国	202645	25.5	6.1	48.2	19.4	0.8	0.0
爱沙尼亚	155	9.0	1.9	53.8	32.7	2.6	0.0
爱尔兰	1450	14.2	3.9	58.4	22.9	0.6	0.0
希腊	9430	7.4	7.0	64.5	20.9	0.2	0.0
西班牙	5615	16.9	3.5	55.8	22.6	1.3	0.0
法国	62735	17.2	2.6	52.0	26.8	1.3	0.0
克罗地亚	450	0.9	2.7	75.1	21.1	0.2	0.0
意大利	64625	2.8	4.0	83.8	9.3	0.1	0.0
塞浦路斯	1745	15.8	4.9	55.4	23.4	0.4	0.1
拉脱维亚	375	11.2	4.8	48.9	31.6	3.5	0.0
立陶宛	440	20.0	3.4	50.1	25.9	0.7	0.0
卢森堡	1150	25.2	5.6	49.6	19.2	0.5	0.0
匈牙利	42775	19.4	8.2	56.6	15.5	0.3	0.0
马耳他	1350	15.0	8.2	58.7	17.5	0.7	0.0
荷兰	26210	16.7	7.4	50.2	24.5	1.1	0.1
奥地利	28035	19.6	10.6	50.9	18.3	0.5	0.0
波兰	8020	37.2	4.5	33.1	24.2	1.0	0.0
葡萄牙	440	13.3	4.1	56.8	24.0	1.8	0.0
罗马尼亚	1545	14.9	9.4	53.5	21.2	0.9	0.0
斯洛文尼亚	385	12.2	18.7	48.3	20.8	0.0	0.0
斯洛伐克	330	16.1	3.0	58.7	21.6	0.6	0.0
芬兰	3620	16.3	6.5	54.6	21.2	0.8	0.6

续表

	庇护申请人数（人）	不同年龄段所占比重（%）					
		0—13 岁	14—17 岁	18—34 岁	35—64 岁	65 岁以上	未知
瑞典	81180	18.5	10.1	46.4	23.5	1.4	0.0
英国	31745	13.6	7.8	53.9	20.7	1.3	2.6
挪威	13205	19.9	9.5	53.6	16.6	0.5	0.0
瑞士	23555	21.6	6.8	54.5	16.5	0.5	0.1

数据来源：Eurostat Data in focus 3/2015。

　　表 5-2 体现出欧洲难民资格申请人的几个显著特点：一是 18 岁以下未成年人的比重约占 25% 左右，这部分人需要关怀和长期培养；二是 65 岁以上老年人所占比重很低，一般在 1%—2% 左右，意味着这部分老人的开支并不大；三是 18—64 岁的人群占大头，比重高达 70%—80%，他们是欧洲现成的劳动力大军，只要这部分人能迅速融入欧洲社会，那么他们对欧洲经济社会的贡献是显而易见的。以欧盟 28 国为例，18—34 岁的中青年占比 53.7%，超过难民申请总数的一半，如加上 35—64 岁的中老年，这一比重则高达 73.6%，这正是潜力巨大的劳动力。同样，各成员国接收的成年劳动力（18—64 岁）比重也很高，德国为 67.6%，瑞典为 69.9%，

丹麦为78.8%，法国为79%，意大利则高达93.1%。正是出于对潜在劳动力的需求，德国、奥地利、瑞士、瑞典及挪威等中欧、北欧国家在接纳难民人数和批准其申请资格的比重方面，远远高于其他欧洲国家。塞翁失马焉知非福，今天的欧洲难民难道永远只是被救助者，不可能成为明天欧洲充满活力的生力军？从这个意义上讲，欧盟及德国、瑞典和奥地利等成员国今天为难民慷慨买单，正是为了获取明天丰富的人力资源。

（三）欧洲难民危机的观念碰撞

难民危机给欧洲社会造成的影响不仅仅体现在政治和经济层面，而且更深刻地体现在思想和观念层面。如果说经济危机还有个周期性起伏，那么思想观念一旦产生碰撞，其产生的影响就不像经济危机那样有时效性，而是长期存在并影响社会的方方面面。

1. 难民危机暴露出东西欧国家及政治家在如何对待难民和移民问题上的文化认同分歧

在以默克尔为代表的一些西欧政治家眼里，欧洲人权庇护是上帝赋予的神圣使命，也是欧盟最擅长的外交软实力，欧洲社会对待难民应该持开放欢迎的态度。基于这样的认知，德国政府的难民政策一度积极宽容，别国不要的难民，德国都对其敞开大门。为此，默克尔本人在各国难民群中成了"真正的道德领袖"和"难民守护神"，一些来自叙利亚的难民甚至发自肺腑地称她为"默克尔妈妈"（Mama Merkel）和"慈悲之母"（Compassionate Mother）。[①] 但在光环背后，默克尔也越来越饱受指责，不但要面对东欧一些政治家的愤怒和谴责，而且也要面对党内同僚及一部分国内民众的批评和质疑。德国内政部部长德迈齐埃（Thomas de Maizire）认为，默克尔应为难民开放边境而造成的混乱负责，建议欧盟设置难民总量限制，超出上限的难民将被遣返回原籍。目前的德国民调显示，有43%的受访者对她的宽松难民政策持批评态度。而在以匈牙利总理欧尔班（Viktor Orban）为代表的某些东欧国家领导人看来，默克尔的难民政策是"道德帝国主义"（Moral imperialism）[②]，试图强加于东欧国家和人民。

----

① "The Rise of Europe's Far Right", *The Week Staff*, September 12, 2015（http：//the week. com/articles/576490/rise-europes-far-right）.

② Judy Dempsey, "Europe's Refugee Crisis Deepening Old Divides", 30 September 2015（http：//carneg-ieeurope. eu/2015/09/30/europe-s-refugee-crisis-deepe. . .）.

在东欧领导人措辞激烈的背后，除了担心接纳太多难民会拖累本身就不景气的东欧经济，实际上还深刻反映出东欧国家排外民族主义的勃兴与文化认同的歧义。"维谢格拉德集团"领导人都坚守自己传统的文化民族主义，即强调自己是基督教国家和天主教教徒，日常的行为规范必须以新教伦理和天主教教义为核心，主张维持一个"基督教的欧洲"，排斥欧洲多元文化主义。以这种宗教文化观为依据，它们都突出自己是基督教国家的政治色彩，不愿接纳来自中东和北非的伊斯兰教难民。波兰和捷克等国政府明确表态，它们充其量也就只愿意接纳少数基督徒难民。斯洛伐克内政部发言人梅提克声称："我们只接受叙利亚难民中的基督教教徒，不接受穆斯林。斯洛伐克境内没有清真寺，就算收留穆斯林难民，他们要如何融入社会？"[①] 值得指出的是，东欧领导人这种民粹主义观念具有相当的群众基础，由于东欧社会比西欧社会存在更为单一的基督教文化，所以东欧民众对待难民持拒绝或冷漠态度。比如，在波兰，有90%的人

---

① 文远：《东欧四国为何总要"唱反调"背难民"黑锅"心有不甘？》，欧洲时报网，2015年9月24日（http：//ouzhou. oushinet. com/other/20150924/206170. html）。

信奉天主教；在捷克，94%的民众赞成驱逐难民；在斯洛伐克，70%的人不希望接受穆斯林难民；在匈牙利，有2/3民众认为穆斯林难民"危险"。经济危机和难民危机对欧洲社会来说多花点儿时间都可以克服，唯有思想文化上的观念裂痕难以弥合，这正说明一个问题：为什么东西欧国家同属欧盟成员国，但在对待难民问题的立场和做法上却大相径庭？预计这种文化认同差异今后还将长期存在并影响东西欧国家的团结，削弱欧盟的政治凝聚力。

2. 难民危机预示着两大宗教文化观在欧洲社会面对面碰撞，异教徒难民群体能否最终融入欧洲社会或是否会威胁欧洲社会稳定，这才是重大的社会问题

欧洲市民社会从本质上讲属基督教文明社会，无论从教义还是宗教伦理来看，欧洲人大都笃信基督教并遵循其行为规范。有时他们和美国人一样，希望把欧美基督教社会的"普世"价值观向全球推广，并且认为这才是人类社会的共同发展方向。在全球化时代的大背景下，冷战后欧洲社会接纳了大量的移民和难民，他们中的大多数来自穆斯林社会，信仰伊斯兰教，尽管人已置身于欧洲基督教社会，但他们的灵魂深处仍然保持着原有的宗教观，并且时常与基督教文化发生观念冲突。在一些新移民眼中，他们来欧洲是为了享受优越的物质条件和社会福利，而不是来听欧洲基督教教义的，他们不会因为身在异国他乡而改变自己的宗教信仰。于是，我们看到了近年来欧洲社会基督教和伊斯兰教发生观念碰撞的一幕幕情景剧：2005 年 9 月，丹麦销量最大的《日德兰邮报》曾刊登了 12 幅以伊斯兰教先知穆罕默德为主题的讽刺漫画，引发伊斯兰世界的强烈谴责，由此拉开两大宗教势力激烈冲突的序幕。丹麦极右翼人民党视穆斯林女子的盖头如第三帝国纳粹党的图形象征，要求丹麦议会禁止戴盖头的穆斯林女子出现在议会中。无独有偶，2010 年 4 月，法国政府宣布，准备扩大对穆斯林妇女穿布卡罩袍的限制。一名法国白人女律师在时装店内，突然强行撕下一名穆斯林女性身穿的传统罩袍，由此引发激烈的肢体冲突。2011—2012 年法国《查理周刊》也把伊斯兰教先知穆罕默德作为漫画人物，创作半裸的穆罕默德漫画形象，由此引发伊斯兰教徒的愤怒和报复。于是就有了 2015 年 1 月 7 日极端伊斯兰武装分子对《查理周刊》巴黎总部发动的暴力袭击事件，造成 12 人死亡 11 人受伤。而 2015 年 11 月 13 日巴黎发生的一系列恐怖袭击事件，又造成100多人遇难数百人受伤。虽说极少数伊斯兰极端分子策划并实施了这些暴恐流血事件，但从宗教文化的视角来看，这就是基督教与伊斯兰教之间面对面碰撞的恶果。

当然，我们在分析研究宗教冲突的时候，要注意把欧洲基督教原教旨主义与世俗基督教教义区别开来，要把伊斯兰教原教旨主义与世俗伊斯兰教教义区别开来，还要把欧洲极右翼的种族主义观点与普通欧洲民众对穆斯林群众的看法区别开来。与此同时，我们也应看到即便是世俗的两种宗教观，有时也存在观念冲突的现象。在法国，穆斯林移民人口众多，已超过法国总人口的10%，面对如此庞大的异教徒，法国政府管理起来很头痛，稍有不慎就会发生上述恐怖袭击悲剧。通过这些案例说明两大宗教文化观念之间一旦发生尖锐的冲突，其给社会和民众带来的负面影响是很大的。

如今，上百万难民涌入欧洲，他们中的绝大部分来自叙利亚和阿富汗这样的战乱国家，不但伊斯兰教色彩浓郁，而且极端宗教势力很可能渗透其中。希腊公民保护部部长尼科斯·托斯卡曾对巴黎暴恐案一名嫌犯的身份发表声明："我们特此证实，持叙利亚护照的一名枪手今年 10 月 3 日在希腊莱罗斯岛登记为难民。"①印证了这一残酷的现实，就意味着欧洲难民危机再度掀起波澜。匈牙利总理奥尔班指出："事实证明，恐怖分子正在利用难民潮混入欧洲，我们有必要重新审视难民政策。"② 波兰新任欧洲事务部部长康拉德·希曼斯基表示，在巴黎发生暴力恐怖袭击后，波兰不再将欧洲重新分摊难民的计划视为可能选项。难民潮中混有宗教极端恐怖分子，他们随大流来到欧洲制造了血腥的恐怖事件，滥杀无辜还是其次，关键是挑起欧洲两大宗教势力之间的冲突这才是可怕的。他们可以在欧洲招募暴恐分子，发展伊斯兰极端宗教势力，随时都有可能给欧洲社会造成伤害和恐惧。

面对伊斯兰极端宗教势力犯下的暴行，欧洲社会除了强烈谴责和严厉打击外，各种政治势力和普通民众都在关注宗教冲突带来的问题。如果说伊斯兰极端宗教势

---

① 张伟：《法国确认一名嫌疑人身份》，《北京青年报》2015 年 11 月 16 日（http：//epaper. ynet. com/html/2015 – 11/16/content_ 165616. htm? div = 0）。

② 鞠辉：《"血色星期五"促欧盟重新检视难民政策》，《中国青年报》2015 年 11 月 18 日（http：//zqb. cyol. com/html/2015 – 11/18/nw. D1100 00zgqnb_ 20151118_ 1 – 07. htm）。

力在欧洲崛起还有些为时过早，但两大宗教冲突日益明显却是不争的事实。巴黎这个美丽的欧洲之都一再遭到伊斯兰极端宗教势力的血洗绝非偶然，因为她已成为两大宗教势力斗法的政治舞台。由于清真寺已容纳不下成千上万的伊斯兰教徒，大量信徒只好在附近街道的两侧铺上地毯做祷告，堵塞了交通要道。对此，巴黎市政府不得不禁止他们在街头做祷告。这些现象看似平常，实则体现出两种不同的宗教观之间的冲突。大量伊斯兰教徒在欧洲定居，表面成为欧洲社会的一个组成部分，实际上又是个特定的宗教群体，拒绝接受和融入欧洲基督教主流文化社会，随着大批穆斯林难民的涌入，这个群体与欧洲原有的白人群体之间能否和谐共处、多元文化能否包容相生？这是值得探讨的社会问题。

当前，欧洲社会有两种值得注意的政治倾向：一方面，欧洲极右翼势力为扩大其政治影响，有意将难民危机和伊斯兰极端恐怖袭击混淆在一起，造成欧洲白人社会的心理恐慌和对穆斯林难民群体的敌视或冷漠。另一方面，有些伊斯兰难民团体刚在欧洲落脚，就试图向当地政府提出民族自治要求，俨然把自己视为欧洲社会的另类。比如，德国多个难民团体曾在 2015 年 9 月发表声明，要求德国政府划出威斯特法伦州南部 900 平方公里土地作为穆斯林自治区。

3. 难民大潮对欧洲的冲击是否意味着欧洲社会全面伊斯兰化时代的到来

在 2015 年欧洲难民潮来临之前，欧洲社会实际上已经存在明显的伊斯兰化（Islamization）现象，即外来的穆斯林移民人数越来越多，而本土白人居民人数相对在减少；穆斯林移民未被基督教社会同化，反而是欧洲白人逐渐被伊斯兰教"异化"；欧洲信仰基督教的人数虽然不少，但每周去教堂的人数却不多，而欧洲穆斯林人数虽属少数，但他们有着坚定的信仰，每周几乎都要去清真寺做祷告；欧洲传统基督教文化色彩在减弱，而伊斯兰宗教文化色彩在欧洲社会愈来愈浓烈。这些反差现象充分说明，欧洲社会伊斯兰化的进程已经开启，再过 20 年或许 30 年，欧洲将会迎来全面伊斯兰化的时代，这个判定并非危言耸听或杞人忧天，而是基于很多的数据和事实而得出的客观结论。从欧洲一些国家穆斯林人口的数量来看，呈现日益增长的趋势。

表 5 - 3   2013 年欧洲 15 国穆斯林人口及其占总人口比重

国别	总人口（万）	其中穆斯林人口（万）	占总人口比重（%）
俄罗斯	14000	2704	19.0
法国	6386	642	10.0
德国	8220	480	5.8
英国	6226	280	4.8
波黑	460	234	51.0
阿尔巴尼亚	310	224	70.0
科索沃	220	201	91.0
意大利	6023	145	2.4
荷兰	1640	89	5.4
马其顿	201	67	30.0
西班牙	4701	55	1.2
比利时	1100	38	3.5
塞尔维亚	740	30	4.0
瑞典	942	29	3.0
瑞士	800	27	3.0

数据来源：http：//www.360doc.com/content/14/0226/20/1353443_3559511 61.shtml。

表 5 - 3 反映出欧洲国家穆斯林的人口数量及占比情况，法国、德国、英国及意大利等国的穆斯林人口均过百万，俄罗斯上千万，而波黑、阿尔巴尼亚和科索沃的穆斯林人口则占到总人口半数以上。每过 10 年，穆斯林群体在欧洲总人口中的比重都会提高 1%，从 1990 年的 4% 提高到 2010 年的 6%。照此发展下去，到 2030 年穆斯林人口将占到欧洲总人口的 8% 以上。更重要的是，

穆斯林外来移民以年轻人居多，他们的生育率较高（达3.5%），相反，白人群体人口老龄化严重，而年轻人生育率较弱（1.4%），这就导致欧洲社会穆斯林人口剧增，与此同时白人人口锐减。

从欧洲白人逐渐被伊斯兰教"异化"的情况来看，白人皈信伊斯兰教的人数也在逐年增多。在德国，2004年6月至2005年6月，一年内就有4000多德国人皈信伊斯兰教。在法国，每年至少有3000人皈信伊斯兰教。在英国，信仰伊斯兰教的人数已逾10万，仅2010年就增加了7200人。① 如果欧洲大国每年都保持几千人皈信伊斯兰教的态势，10年后将有更多的白人被伊斯兰教"异化"。从欧洲两大宗教信教者坚守信仰、参加宗教活动的程度来看，基督教社会日渐冷清，而伊斯兰教社会日显生机。法国虽然有80%的民众号称天主教徒，但经常走进教堂的人并不多。相反，人口仅占10%的穆斯林，大多数坚持每周五去清真寺聚礼。欧洲为数众多的基督教教堂人烟稀少，而为数不多的清真寺却常常爆满。此外，坚持定期进教堂做祷

---

① 《英国穆斯林人数超十万　年轻白人女性占多数》，中新网据英国《每日邮报》报道，2011年1月5日（http：//news. cntv. cn/20110105/108326. shtml）。

告的基督教教徒年龄普遍偏大，年轻人很少光顾；而在清真寺坚持礼拜的穆斯林青年人数众多、十分活跃。

再从宗教文化色彩对欧洲社会的影响来看，伊斯兰教的影响力也日渐扩大。许多新生代穆斯林青年不像其父辈那样容易被基督教文化同化，反而强烈地认同伊斯兰文化。目前，英国的清真寺数量超过1700座，法国也有1500多个穆斯林礼拜场所，但由于法国的清真寺空间狭小，因此才上演了每周五"穆斯林满街礼拜"的宗教奇观。在英国和比利时等国，新生儿取名叫"穆罕默德"的人数，已经超过西方传统的首选名字"杰克"。

穆斯林移民在融入欧洲的同时也通过宗教文化改变着欧洲，以至于欧洲有些白人感叹欧洲正在变成"欧拉伯"（Eurabia）。欧洲社会日益伊斯兰化引起欧洲政治家和民众的担忧，原本以为欧洲可以构建多元文化社会、让两种不同宗教文化背景的人和谐共处的观点开始受到质疑。越来越多的民众在欧洲极右翼政治势力的煽动下，通过游行示威等方式表达他们对欧洲社会伊斯兰化的担忧和不满。2015年1月，德国柏林及德累斯顿等城市同时爆发了10万人反"伊斯兰化"的抗议游行，打出"欧洲爱国主义者反对西方伊斯兰化"的旗子，要求政府修改法律严控穆斯林难民的涌入。尽管默克尔政府对此持批评的态度，但随着 2015 年夏数十万难民和移民大军涌入德国，特别是巴黎发生暴恐流血事件后，德国及欧洲社会要求限制难民流入的呼声日渐高涨。撇开暴恐袭击事件与难民潮是否有关联性不谈，仅从上百万难民进入欧洲且绝大多数为穆斯林难民来说，它意味着这一群体的到来，给在欧洲壮大穆斯林社会基础提供了一个良机。从长远来看，必将加速欧洲社会全面伊斯兰化的进程。客观地说，欧洲社会伊斯兰化趋势不可逆转，但伊斯兰化将会产生两种后果：一种后果是日益强大的穆斯林与欧洲传统认同及文化差异存在难以调和的矛盾，构建欧洲多元文化社会的理想很难实现；另一种后果就是伊斯兰化一旦被极端宗教势力掌控大局，那么欧洲社会永无宁日并将出现可怕的第二个"伊斯兰国"。

（四）欧洲难民危机的外交博弈

1. 面对突如其来的难民大潮，欧盟及德、法等国在接纳安置难民的同时，还从外交层面展开攻势，试图通过标本兼治从源头上遏制住难民潮

欧洲领导人认为，叙利亚内战持续不断是导致这场难民危机的一个主要原因，而叙利亚也是欧洲难民潮的一个主要源头，要想克服难民危机，就必须从治本的角度来应对叙利亚危机。于是，欧盟最近开始转变态度，由过去指责叙利亚政府甚至经济制裁的做法，转为积极介入叙利亚事务，并通过欧洲地区信托基金（the EU's Regional Trust Fund）追加 5 亿欧元用于应对叙利亚危机。[①] 欧盟还承诺向土耳其政府提供 30 亿欧元资金援助，以救助目前安置在土耳其境内的 220 万叙利亚难民。欧盟在与土耳其政府联合发表的《欧盟——土耳其联合行动计划》中强调，欧土将加强合作以便更好地救助和管理叙利亚难民，为此欧盟将支持土耳其海岸警卫队提高其巡逻和搜救能力，并互设联络官来强化欧土间的情报互换，联合打击人蛇网络。欧盟还承诺将与土耳其政府展开签证自由化对话。[②] 为落实欧盟外交成果，2015 年 10 月 18 日德国总理默克尔到访土耳其，专门就如何遏制

[①] European Commission, "Managing the Refugee Crisis: State of Play of the Implementation of the Priority Actions under the European Agenda on Migration", Brussels, 14. 10. 2015 COM（2015）510 final.

[②] European Commission-Press Releases, "EU-Turkey Joint Action Plan", Brussels, 15 October 2015（http://europa. eu/rapid/press-release_ MEMO-15 – 5860_ en. htm）.

难民涌入欧洲问题与土耳其领导人深入探讨，德国表示将支持加快土耳其加入欧盟及其公民免签进入欧盟的谈判。作为回报，土耳其政府允许叙利亚难民重返土耳其。在应对难民危机过程中欧洲领导人还呼吁国际社会与欧盟一道承担责任，特别呼吁美国政府伸出援手。在欧盟及国际舆论的压力下，美国政府被迫表态愿意为欧洲负担一些难民，9月10日奥巴马总统宣布美国至少接收1万名叙利亚难民。与美国政府不情愿的态度迥然不同，巴西、委内瑞拉和智利等拉美国家领导人对接纳欧洲难民持欢迎态度，委内瑞拉总统马杜罗表示愿意接纳2万名叙利亚难民。

2. 欧美国家还采取军事手段来介入叙利亚事务，试图控制住叙利亚混乱的局面

叙利亚目前的政局呈现"三足鼎立"之势，政府军、反政府军和"伊斯兰国"相互争斗。相比而论，前段时期政府军和反政府武装打得不可开交，双方损失都很大，这就给了"伊斯兰国"发展壮大的良机。而"伊斯兰国"的政治目标是要建立复古的"哈里发帝国"，信仰和生活方式都依照伊斯兰原教旨主义，政府军和反政府军都是其对手，最终必将把它们消灭掉。所以，"伊斯兰国"在叙利亚扩张时打着类似西方"反专制"和"反极权"等政治幌子，大量吸收来自世界各地特别是欧洲地区的青年人，招兵买马，抢占地盘。与此同时，"伊斯兰国"又蓄意派遣极端恐怖分子混入难民潮，在欧洲社会制造暴恐事件，扰乱公众视线，恐吓欧洲的反恐行动。

面对难民潮和恐怖袭击的双重打压，欧美国家必须抛开自己的私利，把叙利亚"伊斯兰国"恐怖势力视为当前西方的共同敌人，并且携手合作、团结反恐，这样才能取得实质性成效。法、德、俄等欧洲国家已经意识到，一旦"伊斯兰国"一统天下，叙利亚不仅落入极端恐怖组织之手，还会制造出无数的难民潮，到时欧洲社会将永无宁日。国际社会唯有联手反恐，方能有效铲除中东地区的毒瘤。在巴黎暴恐袭击惨案发生之前，法国和俄罗斯都已军事介入叙利亚内战，但各自的打击目标和初衷却不一致。法国主要支持叙利亚反政府武装，旨在推翻巴沙尔政权，认为他是个专制独裁者，欲扶持反政府武装取而代之。相反，俄罗斯和伊朗则支持巴沙尔政权，认为他才是合法的政府。俄罗斯既反对叙利亚反政府武装，更反对"伊斯兰国"坐大。普京总统在回答西方大国质疑俄到底在反恐还是保护沙巴尔政权时表示：如若没有叙利亚政府和军方的有效参与，就不可能把恐怖分子逐出叙利亚及其周边地区，也不可能保护多民族、多信仰的叙利亚人民免遭侵害。他特别强调："如果没有俄罗斯支持叙利亚，叙利亚国内局势将会变得比利比亚更为糟糕，外出躲避战祸的难民也会比现在多得多。"① 当巴沙尔政权在法国等西方势力和反政府武装的共同打压下快顶不住时，俄罗斯毅然派出特种部队及重型火炮，对政府军给予及时有力的支持，从而稳住了政局。

虽然俄罗斯、法国及美国等军事干预叙利亚的目标、手段及程度有所不同，有时甚至还暗战较劲，但有一个共同的目标是明确的——那就是西方任何一个大国都不能容忍"伊斯兰国"做大做强，都不能对"伊斯兰国"在欧洲制造一系列恐怖袭击事件坐视不管。因此，在共同的敌人面前他们能够抛弃成见和私利，联手打压西方及国际社会最危险的敌人。令人欣慰的是，巴黎"11·13"暴恐袭击事件不但没有吓倒欧洲国家，反而使欧美

---

① 信莲：《俄罗斯援叙惹争议　普京回击：无俄支持欧洲难民危机更糟》，中国日报网，2015 年 9 月 16 日（http：//www.jfdaily.com/guoji/new/201509/t20150916_ 1820403.html）。

团结一致形成反恐合力。在这种形势下，叙利亚政府军和反政府武装或许也能够暂时结成反恐联盟，对付它们共同的敌人。普京总统在听闻法国发生暴恐袭击事件后表示，俄法军队应就叙利亚反恐制订联合行动计划。俄罗斯还向法国伸出橄榄枝，宣布将向法国赠送警犬，表达共同反恐意愿。事实证明，法国的暴恐袭击事件和俄罗斯一架民航客机坠毁在西奈半岛的惨案均属"伊斯兰国"恐怖组织所为，大敌当前，双方的确有合作反恐的强烈愿望。最近，法国总统奥朗德就西方联合反恐与美国、德国及英国等频频举行外交磋商，制订反恐的共同准则。从这个意义上讲，反恐和拯救难民已是一个问题的两个方面。普京总统在反恐问题上已经与法国找到了共同点，而俄罗斯准备加入西方阵营共同打击"伊斯兰国"，必将助推国际反恐行动走向深入。近来英国媒体披露，俄罗斯政府准备派遣15万军队进入叙利亚彻底消灭伊斯兰激进分子，真能如愿，那才是叙利亚难民的福音。

六　欧美官方及学者对这场危机的
看法与反思

这场难民危机远未结束，欧美社会正对其展开一场大讨论，毕竟难民危机对欧洲社会的影响是全面而深刻的，它还同极端恐怖主义有一定的关联性，这就注定了西方社会对它的关注程度。

（一）欧美官方及主流媒体的观点

1. 关于难民危机产生的根源问题

福克斯（Vox）新闻网站在 2015 年 9 月 5 日曾刊登阿曼达·塔博（Amanda Taub）的文章《欧洲难民危机解读》，他认为是叙利亚战争及迫害促成了这场空前规模的难民危机，"不难理解为什么叙利亚人正流亡国外。巴沙尔·阿萨德政权残酷迫害百姓，包括使用化学武器和桶爆弹。ISIS 则针对叙利亚人犯下屠杀、折磨、刑罚、性奴及其他骇人听闻的暴行。其他势力诸如叙利亚胜利阵线（Jabhat al-Nusra）同样折磨并屠杀叙利亚人"。他指出"阿拉伯之春"不但导致叙利亚内战和也门内战，还最终导致 ISIS 在叙利亚和伊拉克的崛起，"阿拉伯之春"可谓当今全球难民危机持续不断的最大诱因。① 德国马歇尔基金会"跨大西洋中心"执行主任莱塞认为，地区间经济发展和社会稳定状况的差异是移民问题产生的根源，这方面的因素短期内很难消除。② 匈牙利科尔维努斯大学国际问题研究所副教授加利克一针见血地指出，美国当初对伊拉克和阿富汗进行干预，就是用新政权替代"独裁"政权，推广"民主"，但现在这被证实是一个彻头彻尾的失败。作为美国的盟友，欧洲国家也参与其中，美国和欧洲对难民问题负有很大的责任。③

2. 关于难民和移民问题的复杂性

法国战略研究基金会特别顾问弗朗索瓦·埃斯堡指出，移民问题不同于单一货币，这是一个触动人心的问题，正在欧盟各国民众与本国政府之间造成隔阂、破坏成员国之间的关系，实际上也使欧盟自身偏离其所植根

---

① Amanda Taub, "Europe's Refugee Crisis, Explained", 5 September 2015（www. vox. com/2015/5/926550/refugee-crisis-europe-syris）.

② 周珺：《综述：非法移民，欧盟难以承受之重》，《国际日报》2015年6月25日（http：//www. chinesetoday. com/zh/article/1013762）。

③ 刘海霞：《从叙利亚难民危机看西方民主输出的"罪与罚"》，《人民论坛》2016年3月22日（http：//www. rmlt. com. cn/2016/0322/421214. shtml）。

的价值观。① 美国乔治城大学的国际移民研究所学者艾比·泰勒指出，前往邻国与前往欧洲的叙利亚难民在阶级身份上存在着一定的差异：能通过"蛇头"以"移民"身份前往欧洲和北美的叙利亚人大多原属中产阶级，因为他们有着一定的经济和社会资本；而普通平民则一般只能流动至周边国家，其中最常见的选择是约旦和黎巴嫩。②

3. 关于如何应对难民潮问题

奥地利内政部部长翰娜·米克尔－莱特纳声称，难民危机的解决办法"不是加强对边境的管控，而是开辟更多合法进入欧洲的途径"。欧洲移民政策研究所专家德米特里斯·帕帕德米欧认为，欧洲只有为这些难民在其邻国创造出"真正的机会"，如从事工作、接受教育和医疗健康的机会，他们才会选择留在家园附近，而非涌

---

① 弗朗索瓦·埃斯堡：《法国纵容排外主义将加剧欧洲难民危机》，英国金融时报网，2015 年 9 月 16 日（http：//www. cssn. cn/sjs/sjs_ rdjj/201509/t20150916_ 2345320. shtml）。

② 吴海云：《欧洲难民危机：美国和英国应该承担更多职责》，《东方早报》2015 年 9 月 16 日（http：//money. 163. com/15/0916/10/B3KIK4JQ00253B0H. html）。

入欧洲。① 匈牙利对外经济与外交部部长西亚尔托·彼得
对外声称，仅欧洲接纳难民不公平，呼吁联合国建立全
球难民配额机制。他强调："我们建议所有的主要国家应
该承担一些责任。我们应该实行全球难民配额制度……
输出大量难民的主要国家是因为国际政治决定而变得不
稳定，这些问题不是欧洲制造出来的。"② 欧洲理事会主
席图斯克在联合国大会上反驳欧洲对难民的管理既虚伪
又冷漠的言论时强调，欧洲向来遵守对价值观和目标所
做的承诺，对欧洲来说孤立主义无论在现在还是未来都
不会有市场。"有一种误解把欧洲说成是地球上唯一的富
裕地区，这不是事实；就财富而言，还有其他一些富裕
地区，但由于某些原因，难民和移民并没有涌入那里。
批评者们应扪心自问为什么如此多的移民涌入欧洲而不
去别的地方？这是因为富裕并不是人们给其后代选择光
明前途的唯一决定因素，诸如宽容、开通、尊重多样性、

---

① 吴艳洁：《欧洲难民危机：一场深陷良心与能力的挣扎》，澎湃新
闻社（上海）2015 年 8 月 30 日（http：//www. thepaper. cn/newsDetail_ for-
ward_ 1370049）。

② 李雨昕：《匈牙利呼吁建立全球难民配额机制：仅欧洲不公平》，
中国新闻网 2015 年 10 月 1 日（http：//www. chinanews. com/gj/2015/10 -
01/7553014. shtml）。

自由、人权和日内瓦公约这类价值观，就像磁铁一样把他们吸引到我们这儿来。"①

4. 关于接纳难民的态度问题

美国乔治城大学国际移民研究所教授苏珊·马丁（Susan Martin）认为，欧洲和美国应该接收更多的难民，也完全有实力给出更为慷慨的经济救援。美国政府计划在新财年接纳至少 1 万名叙利亚难民，但该举措的力度实在小得可怜，完全不符合美国在历史上解决国际难民问题方面的一贯作风。另一位学者艾比·泰勒（Abbie Taylor）也指出，作为一个英国人，她对英国政府迄今为止对这场难民危机的反应感到"羞愧"。英国的叙利亚难民政策是不情愿的、冷漠的，而且几乎是无效的。② 同样，对东欧接纳难民深感"耻辱"的美国普林斯顿大学历史学教授扬·格罗斯（Jan T. Gross）指出，作为一个波兰人，他为波兰政府对待难民的态度感到痛心。诸多

---

① Chris McGreal, "Donald Tusk Defends European Response to 'Unprecedented' Refugee Crisis" (www. theguardian. com/world/2015/sep/29/donald-tusk-defends-european-values-united-nations).

② 吴海云：《欧洲难民危机：美国和英国应该承担更多职责》，《东方早报》2015 年 9 月 16 日（http：//money. 163. com/15/0916/10/B3KIK4JQ00253B0H. html）。

东欧国家在难民危机中尽显偏隘、吝啬、排外，忘却了四分之一世纪前给它们带来自由的团结精神，与德国的表现存有天壤之别；它们与其说遭遇了难民涌入的危机，不如说遭遇了耻感流失的危机。他感慨万千地说："东欧还没有与其凶残的过去决裂。只有完成了这一决裂，东欧人民才有能力认识到他们拯救逃避恶魔的难民的义务。"①

5. 关于难民危机的前景及其与"伊斯兰国"的关系问题

凯－奥拉夫·朗是德国知名的智库科学与政治基金会（SWP）欧洲问题专家，他认为欧洲各国在接收难民问题上存有分歧，但如果处理得当，也能化挑战为机遇，进一步推动欧洲一体化进程。他指出："近年来，尽管欧盟内部会不时出现利益分歧，但欧盟总能化危为机，使欧洲一体化不断深入。"②比利时智库艾格蒙特皇家国际关系研究所（Egmont Institute）所长马克·奥特（Mark Otto）表示，"伊斯兰国"的出现是中东地区国家和社会一系列问题的综合体现：国家治理失败，管理不善和缺

① Jan T. Gross， "Eastern Europe Refugee Crisis Xenophobia"，*Project Syndicate*，13 September 2015（https：//www. project-syndicate. org/commentary/eastern-europe-refugee-crisis-xenophobia-by-jan-gross-2015－09？）．

② 郭洋、班玮：《难民机能为欧洲一体化带来机遇？》，中国新闻网2015 年 9 月 12 日（http：//www. chinanews. com/gj/2015/09 － 12/7520134. shtml）。

乏发展。皮埃尔·德福安（Pierre Defraigne）是比利时马达利亚加欧洲学院基金会执行主任，曾任欧盟委员会副主席，他对欧洲社会接纳难民的矛盾心态及存在的问题做了深刻分析。他指出：欧洲许多国家和民众对叙利亚危机带来的大规模难民潮心态纠结：一方面欧洲领导人在公开场合强调，欧洲需要移民来弥补劳动力的短缺；然而许多欧洲民众却担心这些穆斯林的到来会威胁欧洲，甚至拒绝承认在欧洲出生、长大的穆斯林是真正意义上的"欧洲人"，更不想给予他们和自己同等的待遇。"今天许多生活在欧洲的年轻穆斯林就认为自己是西方民主的受害者，因此对西方社会和政府产生了强烈不满和反抗情绪。"[1]

（二）CEPS 知名学者对难民危机的深刻反思

欧洲社会对难民危机的反思以学者为代表，他们对难民危机的根源、如何有效管理难民及化解危机等问题，提出一些有价值的学术观点。这里仅以比利时欧洲政策

---

[1] 刘栋：《叙利亚问题各方博弈：欧洲态度转变 美国陷纠结》，《人民日报》2015 年 11 月 20 日（http：//sn. people. com. cn/n/2015/1120/c358036 – 27141188. html）。

研究中心（CEPS）几位权威学者的反思为例，从中可以看出当前欧洲学术界对难民危机问题的关注点及观点。

CEPS 主任丹尼尔·格罗斯 2015 年 9 月 8 日在 CEPS 评论上发表题为《欧洲的双重难民危机》[①] 学术文章，其主要观点如下：（1）《都柏林公约》在实践中已行不通，因为它把整个难民庇护的包袱都压在一线成员国身上。像匈牙利或希腊这样的小国，根本无力登记并管理成千上万的庇护申请者；即便是一些大国像意大利，在大批难民涌入时也假装没看见，因为它们知道这些难民只是借道本国，主要流向北欧国家。（2）面对公约的失效，欧盟委员会才被迫采取强制分摊难民份额的措施，但这又出现了一个问题，即欧盟官方的做法可能对成员国内部事务形成不当干扰，因而遭到一些成员国强烈抵制。这种难民困境问题使欧盟左右为难：每个国家都意识到有问题，但出于各自的私利又很难达成共识。唯一解决之道就是一些成员国组成一个群体，愿意共同分担难民责任。（3）另一个值得关注的现象就是来自科索沃的"难民"人数激增，而该国当前政局基本稳定，也不

---

① Daniel Gros, "Europe's Double Refugee Crisis", *CEPS COMMENTARY*, 8 September 2015.

存在独裁暴政问题。其他巴尔干国家与科索沃一道输出的"难民"，占到在欧洲申请难民庇护人数的相当一部分，从而构成一个严重的政治问题。事实上，来自巴尔干地区的移民通过虚假的难民庇护申请得到不少好处。在审核其申请期间，他们享受到基本的住宿和医疗健康等社会服务，还得到零花钱。虽然 500 欧元在德国难以生存几个月，但对不少巴尔干国家的移民来说却是一大笔钱。所以，他们都希望来欧盟干临时工，哪怕是非法的。他们在北欧国家等候庇护申请结果的过程中，花上几个月打工挣到的钱，远比回国后干一年的收入还要多，这就是欧洲吸引巴尔干经济移民的诱人之处。德国接纳的难民群中几乎一半来自"安全国家"，像塞尔维亚、阿尔巴尼亚或马其顿，这种现象被欧洲民粹主义者戏称为"福利之旅"。（4）基于这种情况，欧盟需要在两条战线上采取行动：一是成员国迫切需要提高处理庇护申请的效率和能力，以便尽快确定那些真正需要受保护的难民。二是欧盟亟须增强共同承担责任的意识，以便为获得庇护资格的难民提供帮助。

CEPS 高级研究员塞尔吉奥·卡雷拉和首席执行官（CEO）卡内尔·兰诺 9 月 11 日在 CEPS 评论上联合发表

文章，题为《探讨难民危机的根源并非病症》①。他们的核心观点是：在当前的难民危机背后存在两个关键的挑战。（1）现有的欧盟难民庇护法律已不能适应需求，所谓的"都柏林体系"实际上已不再有效，因为它把巨大的压力强加于欧盟前线成员国，所以该体系正失去欧盟领导人的信任，在实践中也不再受到尊重。（2）像希腊、匈牙利和意大利这样的成员国未能坚守欧盟法的准则和基本权利，导致欧盟被迫通过难民配额计划将滞留这三个国家的 12 万难民重新安置。但欧盟提出的欧洲移民议程并未得到大多数成员国的支持，事实上某些成员国根本无法承诺遵守共同的价值观并且平等分担责任。（3）一个稳定的难民配额机制必须被强制性实施，但问题在于怎样做才能最有效地把欧盟的价值观付诸实践？一个关键之处就在于欧盟委员会应当正式承认都柏林体系已失效，迫切要求用一个建立在创新模式基础上的新的欧洲庇护体系取而代之。当前各方对难民问题的激烈辩论行为正违背欧盟建立的核心价值观。

塞尔吉奥·卡雷拉和丹尼尔·格罗斯 9 月 25 日在

---

① Sergio Carrera and Karel lannoo, "Treat the Root Causes of the Asylum Crisis, not the Symptoms", *CEPS COMMENTARY*, 11 September 2015.

CEPS 评论上联合发表文章，题为《公平分配难民无需高筑墙》。① 他们针对欧盟重新安置难民的临时配额计划，提出以下一些观点：（1）面对错综复杂的难民危机，欧洲有许多困难并不奇怪，这也意味着现行的"都柏林体系"过于简单而站不住脚。因此，欧盟必须朝更公平担责的方向努力，而欧盟要求重新安置 12 万难民的指令，正是朝这个方向迈出的第一步。（2）对欧盟临时救助机制肤浅的争议过于简单，声称假如避难申请者都想去德国，人们不能够违背其意愿而迫使他们去别的国家。但这种争论未能反映现实问题，被重新安置的难民有可能留在原地，因为那里才是他们唯一能够享有社保权利的国家。（3）难民流动的真正原因，应该是他们得不到所在国提供的基本人权保障。但即便是欧盟最穷的国家，难民在那里也远比在其祖国或在中东难民营要安全得多，生活标准也高得多。欧盟最穷的国家保加利亚人均收入远比富产石油的伊拉克高，因此，那些所谓难民需要重新安置的理由是站不住脚的。（4）只有过了五年在欧盟的居住期限，这些新来的移民才拥有迁徙到欧盟其他国

① Sergio Carrera and Daniel Gros, "No Need for Walls to Equitably Distribute the Refugees", *CEPS COMMENTARY*, 25 September 2015.

家居住和找工作的权利，但自由流动的权利主要指到别的地方寻求工作的权利，而不是无条件享受别国社会福利的权利。特别是那些依靠社会福利维持生计的移民就必须待在其所在的安置国，无须对他们高筑墙，因为他们的社保权利同所在国家的居住条件密切相关。（5）同样无须担心东欧国家声称新的欧盟临时救助体系使它们不堪重负。像斯洛伐克重新安置的难民人数还不到800人，相对其500万总人口来说可谓微不足道，何况该国政府还能够得到480万欧元的欧盟资助资金。（6）欧盟临时配额体系对解决难民危机而言并非包罗万象的措施，它意味着迫切需要超越当前的欧盟都柏林体系，向改革欧盟难民庇护法的方向迈进，这样才能确保所有的成员国更加公平地承担法律责任。

CEPS 高级研究员伊丽莎白·吉尔德（Elspeth Guild）和牛津大学难民研究中心副教授凯瑟琳·科斯特洛（Cathryn Costello）等人 2015 年 9 月在 CEPS 政策简报上联合撰文，题为《2015 欧盟难民危机》,[①] 从欧盟法及难

---

① Elspeth Guild, Cathryn Costello, Madeline Garlick and Violeta Moreno-Lax, "The 2015 Refugee Crisis in the European Union", *CEPS POLICY BRIEF*, No. 332, September 2015.

民管理的视角发表如下观点：（1）首要的问题就是欧盟的签证政策和运输规定导致了大批难民赴欧洲的危险之旅。一方面，难民来源国的公民需要签证才能进入欧盟（签证法539/2001），而签证许可的条件包括回到自己国家的意愿和能力证明（Art. 21 Visa Code）。另一方面，依据欧盟法和国际法，难民被合法界定为需要保护的群体，因而他们又无法回到战乱的祖国。与此同时，民航和船务公司又被要求只能搭载那些合法的移民进入欧盟，否则将面临刑法制裁（指令2001/51）。结果，除去合法进入欧盟的移民，大批难民被迫通过蛇头组织的危险之旅偷渡进入欧盟。而当他们抵达欧盟边境时一旦蛇头成员被逮捕，难民们会被迫留在无人驾驶的小船里漂流到欧洲。（2）采取必要的措施确保难民安全合法地进入欧盟乃当务之急。欧盟所有成员国而非几个成员国必须意识到都柏林难民庇护体系已经失效，迫切需要构建一个新的体系。（3）寻找更多的运输工具以便难民能够安全抵达欧洲，而不是把其性命交给破旧不堪的小船并且向蛇头付钱，这就需要重新考虑欧盟的签证政策及运输规定，确保难民能够带上其行头安全合法地抵达欧盟任何地方。（4）确保成员国能够履行首次接收难民的职责，让他们活得有尊严，而不是被迫流向第二个甚至第三个成员国。（5）应排除向所有成员国分摊避难者的强制机制，志愿接纳机制才是唯一有效的方法。（6）从长计议，应设立一个相对集权的欧盟移民、难民及保护局（EU Migration, Asylum and Protection Agency, EMAPA），发挥职责以确保投奔欧盟的难民在审核和决定方面的一致性。

塞尔吉奥·卡雷拉10月2日在CEPS评论上撰文《采纳还是不采纳难民配额：这是个问题吗?》[①]，提出如下观点：（1）欧盟的"难民配额计划"遭到一些成员国的强烈批评，特别是匈牙利、捷克、罗马尼亚和斯洛伐克。庇护申请的处理不仅仅是人数多少的问题，新的分配机制并不支持难民自由流动到他们想去的国家，而是依据其语言能力、家庭、文化和社会关系综合加以考虑才做出决定的。（2）与都柏林体系相比，难民配额机制是一个积极的进步，欧盟应该优先改革那些阻碍难民庇护系统公平而有效运作的行政及司法因素，实施3013/33欧盟接纳难民条件指令。（3）除了考虑综合因素外，难

---

① Sergio Carrera, "To Adopt Refugee Quotas or Not: Is that the Question?", *CEPS COMMENTARY*, 2 October 2015.

民在被重新安置时也应考虑其与欧洲劳动力市场的关联性。（4）某些成员国面对难民潮采取高筑墙的方式是不可取的，这种把难民拒之门外的做法违背了申根协定的基本原则。应该采取积极的政策使难民能够安全地抵达欧洲。（5）从发展趋势来看，需要创设一个新的欧洲庇护服务机构，更好地处理庇护申请并实施新的配额标准，这才是关键的一步。

2015 年 10 月塞尔吉奥·卡雷拉与伊丽莎白·吉尔德合作，发表题为《新的难民重新安置系统能否工作？在欧盟都柏林逻辑及有缺陷接纳条件中的风险》① 学术论文，主要观点如下：（1）欧盟成员国的庇护体系无论在接收难民的条件还是在司法/行政办事能力方面都显现出不少缺点，无法体现难民庇护申请中的公平性和人道性，而且欧盟一些成员国也不能认真落实欧盟 2013/33 接纳难民条件的指令和共同准则。（2）相比于都柏林难民庇护体系，欧盟新的临时重新安置难民系统有其进步性和合理性，它在重新安置难民的问题上，一方面考虑到庇

---

① Sergio Carrera and Elspeth Guild, "Can the New Refugee Relocation System Work? Perils in the Dublin Logic and Flawed Receptions in the EU", *CEPS POLICY BRIEF*, No. 332, October 2015.

护申请者适应重新安置国日常生活的潜质，包括其语言技能以及家庭、文化或社会关系因素；另一方面还通过较为公平的测算标准，为重新安置国家的难民配额数量提供合理的决策依据。（3）确定重新安置国难民配额数目主要依据以下四个参数：一是安置国总人口的数量（占比40%），它反映了一个成员国接纳难民数量的能力；二是总的GDP（占比40%），旨在反映一个成员国的绝对财富以及融合难民的经济能力；三是依据2010—2014年该成员国每100万居民平均接纳庇护申请者的人数（占比10%）；四是依据一个成员国的失业率（占比10%），它反映出该国在劳动力市场吸纳难民的能力。（4）欧盟在确保成员国重新安置难民的过程中，发挥至关重要的作用，通过庇护者、移民及一体化资金（the Asylum，Migration and Integration Fund，AMIF），向重新安置难民的国家发放6000欧元/人的财政补贴，而希腊和意大利在转移难民的过程中，也将获得500欧元/人的财政补贴。（5）肯定欧盟机构在欧洲难民"热点"成员国所起的作用，如欧盟边防局（Frontex）、欧洲庇护支持办公室（FASO）、欧洲刑警组织（Europol）和欧洲司法组织（Eurojust），这些机构的官员及专家被派往难民"热点"区域，协助当地政府加强对难民申请及转移安置事务的管理，协调欧盟与成员国的难民政策。FASO 已计划向意大利和希腊分别派遣 45 名及 28 名专家；Frontex 向意大利派遣了 18 名任务报告专家、16 名文化协调者和 12 名难民身份审核专家，向希腊派遣了 33 名相关专家。（6）欧盟应加强和改进成员国接纳难民的条件，废止都柏林体系安置难民的旧规，推广新的难民重新安置配额标准，包括在转移安置难民过程中尽可能考虑到庇护申请者的意愿及个人、家庭与去往国家的关联性。（7）欧盟成员国应优先增强其当下和近期内处理和安置庇护申请者的行政和司法能力。（8）欧盟应设计并创建一个永久的、共同的欧洲边界及庇护服务机构（European Border and Asylum Service），确保所有的欧盟相关机构能协调一致并且高效率地处理庇护申请，独立的实施新的庇护申请者重新安置配额标准。

（三）欧洲难民危机的前景分析

当今欧洲社会面临的问题和挑战不少，诸如：欧债危机的阴影始终挥之不去；俄罗斯同西方大国和北约斗法，"冷战"色彩渐浓，地缘政治冲突时隐时现；人口老龄化趋势使欧洲国家的福利制度饱受指责；经济复苏缺乏创新支撑和研发资金；难民危机的爆发使欧洲国家疲于应对，东西欧的矛盾日渐凸显；脱欧、疑欧思潮助推欧洲社会向右转，国家民粹主义和极右翼政治势力日渐抬头；而伊斯兰极端恐怖组织对欧洲国家的暴力袭击，使欧洲大陆上空乌云密布，过去的太平盛世渐成追忆……

在诸多的问题和挑战中，难民危机对当今欧洲社会的冲击和影响是巨大的，它不仅仅波及发达的西欧国家，更是直接冲击中东欧地区，使匈牙利、保加利亚等国苦不堪言；它不但撕裂着欧盟成员国的政治关系，而且加大了不少国家的财政支出；它既给默克尔这样关爱难民群体的欧洲领导人提升了威望和人气，同时又给反对接纳太多难民的欧洲政党提供了表演的舞台，给国际恐怖主义提供了滥杀无辜的机遇。总之，它就似一把锋利的达摩克利斯双刃利剑，高悬在欧洲大陆。

2015 年欧盟 28 国一共接纳了 132 万多难民庇护申请者，创造了近年来的历史新高。为妥善安置难民，欧盟及其成员国德国、瑞典等耗费了大量的人力物力，花去了数百亿欧元，基本上经受住这场难民危机的考验。值得一提的是，欧盟决策者面对来势迅猛的难民潮，并没有关闭欧洲的大门，而是尝试采取各种各样的解决之道，从法律制度、管理框架、财政杠杆、共同外交与安全政策以及国际合作等多方面入手，形成管控难民危机的一种合力，最终渡过了难关。从这个意义上说，欧盟及德国、瑞典等有雄厚的财力和丰富的处理危机经验。更重要的是，在历经一段时间的探索之后，欧盟管理层找到了一个有效的解决办法，那就是解铃还须系铃人，高度重视与中东国家的合作，特别是与土耳其这个中东大国的合作。欧盟领导人明白，土耳其一国就接纳了200多万叙利亚难民，如果不能帮助它就地安置大批的难民，那么土耳其完全可以为了自保而将叙利亚难民推向欧洲，事实上土耳其政府也曾经这样做过，让欧洲国家饱受难民潮之苦。因此，我们看到在进入2016年之际，欧盟领导人包括德国总理默克尔纷纷展开中东之旅，与土耳其政府多次就难民问题进行磋商。

在经过多次谈判和讨价还价的基础上，2016年3月18日，欧盟与土耳其终于就解决难民问题达成一项历史性协议。双方商定从3月20日起，凡是非法从土耳其进入希腊领土的难民将被欧盟遣返回土耳其。作为回报，欧盟同意在 2015 年向土耳其提供 30 亿欧元援助的基础上，2016 年再追加 30 亿欧元用于土耳其政府安置叙利亚难民。双方还确定了"一对一"转移安置的重大原则，即欧盟每遣返一名经土耳其抵达欧洲的非法移民，就必须接纳一名土耳其境内的叙利亚难民，但安置上限为 72000 人。由此可见欧盟祈盼土耳其发挥难民"缓冲作用"的心态。

然而，土耳其也不是软柿子任欧盟拿捏，土耳其政府除了抬高价码外，也向欧盟提出必须给予土耳其公民免签进入欧洲申根区的待遇要求，并且还希望欧盟加快土耳其入盟的谈判进程。2016 年 4 月，欧盟领导人虽然被迫表态原则上同意土耳其的免签要求，并拟于 7 月 1 日起给予土耳其公民每半年免签进入欧盟申根国家 90 天的待遇，但是，欧盟也对土耳其提出 72 项要求，有的条件比较严苛。因此，5 月 23 日德国总理默克尔在土耳其出席首届世界人道主义峰会时表态，由于土耳其还没有完全达标，可以预见欧盟将推迟给予土耳其公民免签进入申根区的待遇。可见，难民问题牵连着欧土关系的神经，要想一蹴而就是很难的。

尽管谈判有波折，但值得肯定的是在欧盟、土耳其及国际社会共同努力下，2016 年的欧洲难民危机得到了有效的控制，自开春以来从中东及北非等地偷渡到欧洲的人数大大减少。以德国为例，2016 年 1—2 月它共接纳了 10 万多新难民，而到 3 月份仅有 5557 个新难民进入德国。同样，自 3 月 20 日欧土协定生效以来，经地中海进入欧洲的新难民人数总共只有 1331 人。不过，在看到成绩的同时也不能太乐观。只要中东地区特别是叙利亚的战火没有被扑灭，就可能还会产生较大的难民潮；只要欧盟与土耳其的合作出现问题或矛盾，叙利亚难民还有可能被土耳其或欧盟当成皮球踢来踢去，得不到妥善安置；只要春夏之交地中海天气转暖，欧盟放松边境管控，不排除难民潮再度袭来的可能。欧盟官方甚至预测 2016 年可能还有 100 万新难民涌入欧洲，因此欧盟及其成员国不可掉以轻心。尽管从目前的情况来看，这种预测未必应验，然而近期的一些难民偷渡动向仍表明难民问题没完——仅 5 月 25 日和 26 日两天，地中海就有两艘走私船沉没，700 多名偷渡难民葬身鱼腹。①

---

① 任梅子：《联合国难民署：超过 700 名难民或在地中海沉船事件中淹死》，环球网 2016 年 5 月 29 日（http：//news. k618. cn/world/201605/t20160529_ 7548902. html）。

　　预计欧洲难民危机还未彻底过去，难民潮就像夏天的雷暴雨随时都有可能降临，欧洲社会还会深受冲击。但欧洲人也不必太悲观，即便难民潮风起云涌，欧洲社会也有应对之策。有一个现象值得我们关注，那就是虽然2015年欧洲国家总共接纳了130多万名避难申请者，但最终留下的难民数量是有限的。只有333350人获得欧盟给予的难民庇护资格，其中，246175人获得难民资格，60680人获得从属保护资格，还有26500人获得人道主义救助，8155人被重新安置。[①] 其余大多数所谓的"难民"，在今后一段时间内都有可能被欧盟遣返原籍，尤其是那些来自"安全国家"的移民。这样一来，欧洲社会背上的沉重的难民包袱就会逐渐减轻。假如说在未来的几年内难民危机能够得到化解，那么欧洲社会面临的最大挑战就有可能体现为基督教社会与伊斯兰化社会的对立或冲突。

（四）对欧洲难民危机的看法和结论

　　2015年欧洲爆发的难民危机从表象上看，是成千上

---

① Eurostat Pressrelease, "EU Member States Granted Protection to More than 330 000 Asylum Seekers in 2015", 75/2016 - 20 April 2016（http：// ec. europa. eu/eurostat/documents/2995521/7233417/3 -20042016-AP-EN）.

万来自中东、北非、中亚及欧洲巴尔干地区的难民和移民，在夏秋时节集中涌向欧洲发达国家而形成的一次难民大潮。从严重程度来看，的确是第二次世界大战以来欧洲发生的空前的、最严重的一场难民危机。虽然从难民人数上看，数以百万计的难民在欧洲难民史上规模并不算最大，但以往几次难民危机（如 20 世纪 90 年代巴尔干难民危机）的主体，源自巴尔干地区的塞族和阿族等，他们都属于欧洲的战争难民，尽管曾一度流落异国他乡，有些难民甚至被安置到北美及澳洲，但绝大多数难民在战后都陆续返回自己的家园。

相反，此次难民危机的主体源自中东、北非及阿富汗，他们从四面八方历经千难万险和生死磨难，最终为了一个共同目标而投奔欧洲。其目的不是在欧洲暂时躲避战乱，而是要在欧洲发达国家长期定居并"重新做人"，这种情况在欧洲难民史上也是前所未有的。那么我们不禁要问：为什么如此庞大的难民潮不集中流向北美、澳洲及亚洲等一些发达国家和地区，偏偏集中涌入欧洲发达国家？答案很明确：欧洲有吸引难民而来的很多个理由——（1）欧洲是世界上最发达的资本主义经济体；（2）欧洲有难民庇护的历史传统；（3）欧洲一向高调标榜人道主义，对接纳难民持开放和欢迎态度；（4）欧洲拥有高品质的生活质量和令人艳羡的福利红包；（5）欧洲社会和谐稳定，多元文化并存，百姓收入丰厚、安居乐业；（6）更重要的是，欧洲与难民来源国有密切的殖民文化联系，能讲西方语言（英语、法语、德语、西班牙语及葡萄牙语等）的难民，在欧洲社会容易找到归宿感；（7）欧洲地理位置突出，难民从海路和陆路汇集而来相对容易，而去北美或澳洲都不切实际。

正因为有上述诸多理由，才出现了2015年夏的欧洲难民大潮。但从实质上看，欧洲难民危机恰恰是以美国为首的西方势力奉行霸权主义和强权政治、干涉别国内政的结果，是真正的"人祸"。从波黑战争到科索沃战争，从阿富汗战争到伊拉克战争，从利比亚战争到叙利亚战争，哪一场战争不是拜美国及其欧洲盟友所赐？！尽管西方势力实施干涉主义的手法很多，既有像科索沃战争和伊拉克战争这样的直接武装干涉，又有像叙利亚战争那样的间接干涉，还有像"阿拉伯之春"那样的颜色革命。但无论手段是赤裸裸的还是隐秘的，干涉的结果都是一样的，最终制造了这些国家的战乱和大批的战争难民。如今战火越烧越旺的叙利亚战争，表面上看是叙利亚几股政治势力相互内斗、自相残杀，实则不然。在叙利亚主要政治派别的背后，不难发现大国角逐中东地区的博弈色彩。叙利亚巴沙尔政府在最困难之际，得到了俄罗斯、伊朗及黎巴嫩的支持。反政府武装则得到了美、英、法等西方大国势力及沙特等国的支持。而"伊斯兰国"则利用前两派政治势力的互掐迅速壮大起来，有迹象表明它既得到某些极端伊斯兰恐怖组织的支持，也吸纳了欧洲一批青年参加所谓的"圣战"，并且还在欧洲大陆制造了一系列暴恐袭击事件。正是各种政治势力掺杂其间，才使得叙利亚问题错综复杂、十分难解，并导致叙利亚成为欧洲第一大难民输出国。只要叙利亚战争不平息，大量难民就将持续涌入欧洲并冲击欧洲社会。

此次欧洲难民危机有一个特点十分明显，那就是除了大多数来自中东和阿富汗战乱地区的难民外，还有相当一些人来自非洲及欧洲非战乱地区，他们以难民身份混杂在逃难大军中。更严格地说，他们属于经济移民，与难民既有区别也有联系。难民面临的是生存问题，而移民面临的是发展问题。但从本质上看，难民潮是移民潮的极端表现，无论难民还是移民，最终都想成为欧洲社会的一部分。欧盟愿意接纳的是真正的战争难民，而不是混到欧洲来坐享其成的经济移民，但由于难民和移民混杂在一起，导致欧盟接纳、安置及甄别难民的工作量巨大。此外，欧盟在安置难民的过程中充分暴露出都柏林难民庇护机制的缺陷以及成员国之间的矛盾。作为接收难民的"前线国家"，意大利、希腊及匈牙利等接纳能力有限，但它们必须按照都柏林难民协定的要求，对大量的难民和移民进行登记、接纳、救助、甄别、安置或遣返，这些工作费时费力，没有欧盟及其他成员国的鼎力支持，"前线国家"早就不堪重负了。从这个意义上讲，欧盟不改革都柏林难民庇护机制，就不能有效地解决难民问题。难民问题再复杂，对欧盟而言都是可以化解的，关键是大国应该勇于承担责任，只要有几个大国勇挑重担（仅德国、瑞典和法国2015年就接纳了半数以上的欧洲难民），欧洲安置两三百万名难民是能够做到的，何况欧盟最终还会"淘汰"一部分含金量不高的"难民"，遣返那些来自"安全国家"的非法移民。因此，我们不应怀疑欧盟安置难民的能力，只应怀疑部分欧盟成员国接纳难民的诚意和欧洲的政治凝聚力。

欧洲难民危机对欧洲社会产生的影响是深远的。随着大批难民在欧洲扎根，欧洲原有的极右翼政党和反移民的社会思潮蠢蠢欲动，它们乘机扩大自己的政治影响，引导欧洲社会右倾化、保守化。在这个过程中，不排除英国脱离欧盟的可能性。从短期来看，难民潮的到来会拖累欧洲经济的复苏，挑战欧洲社会的福利制度。但从长远来看，它有可能成为弥补欧洲社会老龄化、劳动力稀缺的一个转折点。大量的难民属于中青年，只要引导有方、安置得当，他们可以成为未来欧洲劳动力市场的一支生力军。欧洲也需要改革难民接纳机制及社会福利制度，真正调动起中青年难民和移民的积极性，使他们成为对社会有用的人才，而不是享受欧洲社会福利红利的"寄生虫"。相比而论，欧洲债务危机、人口老龄化危机和恐怖主义危机都比不上难民危机造成的社会影响。欧洲债务危机和恐怖主义危机都有一定的时效性，不可能总是处于高潮，恐怖袭击事件也有消停的时候。人口老龄化危机虽然长期存在，但只要利用好新来的大量中青年难民和移民，同时充分挖掘欧洲本地失业青年的就业潜力，欧洲劳动力市场仍然会焕发活力。而难民危机虽然也有高潮和低谷，但它给欧洲社会带来的宗教文化碰撞却是个长期存在的大问题。难民和移民问题的实质就是不同文明及社会的融合问题，欧洲社会未来几十年到底是基督教文明与伊斯兰教文明的和谐共存，还是两种文明的冲突？是威胁欧洲社会的稳定，还是迎来一个全面伊斯兰化的时代？这正是欧洲难民危机留给我们思考的一个战略话题。

西方学术精英和主流媒体对难民危机的分析有其正确的一面，但也有不客观的判断。如对难民危机产生的根源，多数西方学者认为是叙利亚巴沙尔政权的暴政独裁和"伊斯兰国"的残酷杀戮才引发了中东大规模的难民潮，这种观点是片面的，没有真正意识到美欧推广所谓的西方民主和价值观、在热点地区奉行"可控制的动荡"霸权战略，才是产生战乱、导致难民潮的祸根。还有的西方学者探讨难民危机仅停留在表层，他们关注都柏林难民庇护体系为什么失效、将采取什么改革措施来弥补缺陷这类技术性问题，而不是集中精力探讨如何从源头上控制住难民潮的问题。

实际上，欧盟虽然接纳了上百万名的难民，暂时面临财政短缺、安置困难等问题，但是，如果从全球范围来看，欧洲地区并非难民接纳的大户，广大发展中国家才是安置全球难民的主体。2013 年年底，巴基斯坦、伊朗、黎巴嫩及约旦等发展中国家，接收难民的数量占难民总数的86%，而发达国家只接收了14%的难民。仅巴基斯坦一国就接收了160万阿富汗难民，而土耳其一国则接收了200万叙利亚难民。从这个视角来看，难民问题是个跨越国界的全球性问题，需要国际社会各方共同努力才能实现有效治理。欧盟尽管充当了2015年接纳和安置难民的"冤大头"，欧洲有些政客和学者对此也颇有微词，认为应该由美国来担责，因为是美国造的孽。但是，换个角度看，欧盟勇于担责总比美国站在一旁不闻不问强得多。欧盟承担责任符合其一贯的难民庇护传统，也是提升其国际形象、发挥国际影响的一个良机。经过一段时间的摸索和"交学费"，欧盟决策层已经意识到难民危机具有全球性溢出效应，只有重视难民问题的全球治理和欧洲治理，标本兼治方能有效化解危机。所以，欧盟加大与国际社会各方合作与协调的做法是对的，如果危机处理得当，将极大地增强欧盟在国际关系中的软实力和话语权。

与此相对应的，美国制造了中东地区和阿富汗的难民危机，却不愿承担责任而躲在一旁，对接纳叙利亚难民也态度暧昧、极不情愿，特别是在奥巴马政府迫于国际舆论压力、宣布美国将接纳至少1万名叙利亚难民之后，国际社会却看到了美国政客丑陋的一面——当巴黎发生暴恐袭击惨案后，美国伊利诺斯、俄亥俄及佛罗里达等31个州的州长立即表态，不愿接收来自叙利亚的难民，理由是担心有恐怖分子会假装成难民混入美国，威胁美国社会的安全。美国政客这种极端自私的心态一表露，就受到国际社会的质疑和批评。好端端的伊拉克、利比亚和叙利亚，在美国干涉其内政之前，百姓过的日子还算不错，社会相对稳定，基本无难民输出。而在美国干涉其内政之后，战乱四起、民不聊生，最终造成今天的难民潮。美国领导人不深刻反思一下自己的所作所为，反而对自己酿成的人祸不理不睬；美国政治家不关心叙利亚百姓的生命安危，也不顾欧洲盟友深陷难民潮，反而冠冕堂皇地表示不欢迎叙利亚难民到美国，这就是美国政客自私自利之心态，它让人们进一步看清了美国干涉主义的本质和嘴脸。一句话，在难民潮面前欧洲虽然"幼稚"而主动担责，却赢得国际社会的尊敬和认可；美国虽然狡猾而不愿担责，却招致国际社会的谴责和不满。塞翁失马焉知非福，欧盟处理难民危机也算是"行善积德"，总有得到回报的一天。美国到处推行霸权主义和强权政治，煽风点火、挑起战争，总有一天还会遭到"报应"的。

作为旁观者，中国政府要重视并关注欧洲难民危机事态的发展进程，了解欧盟及其成员国处理难民危机的政策措施，借鉴欧盟安置和管理难民的经验做法。一旦今后中国周边出现战乱和大规模难民潮，我们就能以欧洲为鉴，采取有效措施管控好难民危机。作为参与者，中国政府应把握好处理叙利亚难民问题的尺度，既要采取一些外交行动，包括与联合国及欧盟等协调立场，推动叙利亚政府与反政府派别的停战谈判，促进民族和解，向叙利亚难民和世界粮食计划署提供捐款救助等，表明我们的观点主张和对难民的同情，也要量力而行、谨慎行事，不用显得太积极、太大方而遭到西方势力的警觉和猜疑。中国社会科学院作为中国政府的智囊团，应该借鉴欧美知名智库的做法，通过学术交流和跟踪研究，围绕欧洲难民危机问题及时向党中央建言献策，发挥国家级智库的作用和影响，并对欧洲难民危机和恐怖主义事态问题有一个长远的研究和预判。同样，作为研究欧洲问题的专家学者，笔者也愿意对欧洲难民危机问题进行更加深入而持续的跟踪研究，多出一些有力度、有见解、有创新的学术研究成果。

缩略语及相关名词

欧洲政策研究中心（Centre for European Policy Studies，CEPS）

联合国善后救济总署（UN Relief and Rehabilitation Administration，UNRRA）

欧盟统计局（Statistical Office of the European Union，Eurostat）

国际移民组织（International Organization for Migration，IOM）

欧洲庇护支持办公室（the European Asylum Support Office，EASO）

联合国难民署（United Nations High Commissioner For Refugees，UNHCR）

联合国世界粮食计划署（World Food Programme，WFP）

共同外交和安全政策（Common Foreign & Security Policy，CFSP）

庇护、移民及一体化资金（the Asylum，Migration and

Integration Fund，AMIF）

德国新选项党（the Alternative for Germany，AFD）

英国独立党（United Kingdom Independence Party，UKIP）

"为了匈牙利更好运动"（The neo-fascist Jobbik party）

苏格兰民族党（SNP）

欧盟移民、难民及保护局（EU Migration，Asylum and Protection Agency，EMAPA）

"伊斯兰国"（Islamic State of Iraq and al Shams，ISIS）

伊斯兰原教旨主义者（Islamist fundamentalist）

基督教原教旨主义者（Christian fundamentalist）

庇护权（Right of asylum）

难民和移民（Refugees and Migrants）

工作许可证（Work permit）

"前线国家"（Front States）

"都柏林体系"（Dublin system）

预审程序（Pre-screening procedure）

标准程序（Standard procedure）

临时庇护（Temporary protection）

合法身份（Convention status）

欧洲移民议程（A European Agenda on Migration）

侵权行为决定（Infringement decisions）

欧盟边防局（Frontex）

欧洲刑警组织（Europol）

难民管理支持团队（Migration Management Support Teams）

欧洲邻国信托基金（ENI）

总营业盈余（Gross operating surplus）

民事保护机制（Civil Protection Mechanism）

快捷边境干预团队（Rapid Border Intervention Teams）

海神波塞冬和特里同（Poseidon and Triton）

申根边境代码（the Shengen Borders Code）

伊斯兰化（Islamization）

"欧拉伯"（Eurabia）

退欧（Breurope）

叙利亚胜利阵线（Jabhat al-Nusra）

欧洲司法组织（Eurojust）

欧洲边界及庇护服务机构（European Border and Asylum Service）

英文参考资料

CEPS POLICY BRIEF

CEPS Paper in LIBERTY and SECURITY in Europe

CEPS COMMENTARY

INTERNATIONAL BUSINESS TIMES

EuropeanCommission：Migration Towards a European a-
genda on Migration

The UN Refugee Agency：Note on International Protec-
tion, 2 July 2015.

European migrant crisis, From Wikipedia, the free ency-
clopedia.

BBC：Migrant crisis：migration to Europe explained in
graphics. 24 September 2015.

Eurostat：GDP and main components-volumes. http：//
appsso. eurostat. ec. europa. eu/nui/show.

Pierre Manent, *Beyond Radical Secularism：How France
and the Christian West Should Confront the Islamic Challenge*,
St. Augustine's Press, 2014.

Slavoj Zizek, *Against the Double Blackmail*：*Refugees*, *Terror and Other Troubles with the Neighbours*, Penguin Books Ltd, 2016 – 04 – 21.

后　记

本书写作之初，正值欧洲难民危机高潮迭起；完稿之时，又逢 2016 年春地中海难民船颠覆的悲剧再度上演。欧洲难民问题不仅仅是一个时事热点话题，而且牵一发而动全身，对欧洲社会和国际关系未来的走向有着深远的影响。鉴于此，本书试图向读者系统展示欧洲难民危机的全貌，并抛砖引玉地引起中国学术界的关注。

本书得以问世，首先要感谢中国社会科学院国际合作局和欧洲研究所黄平所长、罗京辉书记等领导的大力支持。是他们给了我一次学术创新和研究的良机，并力荐本书出版。其次要感谢比利时欧洲政策研究中心（CEPS）在我研究并撰写难民危机报告的过程中提供的支持和帮助。再次要感谢中国社会科学出版社王茵、喻苗、王琪及郭枭、范晨星老师的付出，正是他们的关爱才使得本书能够及早出版。

赵俊杰

2016 年 6 月 7 日

赵俊杰，男，中国社会科学院欧洲研究所研究员，中国社会科学院研究生院欧洲系教授。美国伯克利加大、比利时欧洲政策研究中心高级访问学者。1981—1991年就读于北京大学国际政治系和中国人民大学国际政治系，1991年获法学博士学位。长期从事国际问题尤其是欧洲问题和中欧关系的研究，近年来到加拿大、德国、法国、丹麦及港澳台等地，参加过若干重要的国内外学术交流。

从事科研工作以来，承担或主持过一批国家级、部委级、研究所级的重大课题，已发表研究成果280多万字，其中学术专著2部，合著8部，论文、文章及调研报告200余篇。代表作有：《科技复兴——欧洲的梦想与现实》（独著），陕西人民教育出版社1997年版；《21世纪欧盟的经济发展战略》（独著），中国城市出版社2002年版，获中国—欧盟高等教育合作项目资助；《北狼动地来——北约战略调整与欧盟共同防务及其对中国安全环境的影响》（主编），中国社会科学出版社2011年版，为中国社会科学院重大科研项目A类课题成果。

自1999年以来，以国际问题专家身份经常接受中央电视台、中央人民广播电台、中国国际广播电台、新华社及人民日报等国家级媒体的采访，还应邀到北京大学、中国人民大学、北京理工大学、中南财经政法大学、华中农业大学、厦门大学及福建师范大学等单位做专题形势讲座。